Marc Hoffmann

•

Jagdinstinkt – Geschichten aus dem Großstadtdschungel

AF795428

Marc Hoffmann

Jagdinstinkt –

Geschichten aus dem Großstadtdschungel

Erzählungen

EDITION AVRA

FSC
www.fsc.org
MIX
Papier aus verantwortungsvollen Quellen
Paper from responsible sources
FSC® C105338

Bibliografische Information der Deutschen Nationalbibliothek
Die Deutsche Nationalbibliothek verzeichnet diese Publikation in der Deutschen Nationalbibliografie; detaillierte bibliografische Daten sind im Internet über http://dnb.d-nb.de abrufbar.

Buchwerkstatt Berlin
Eine Marke der Frieling & Huffmann GmbH & Co. KG
Tel. + 49 - 30 - 766 999 - 0
E-Mail: info@buchwerkstatt-berlin.de
1. Auflage 2017
Edition Avra

ISBN 978-3-946467-35-9
Printed in Germany

Inhalt

Vorwort

Ich habe mal gehört, dass das geschriebene Wort eine der größten Erfindungen der Menschheit sei.

Ich dachte nie, dass ich mal ein Vorwort schreiben würde.
Bin weder eine Leseratte, noch kenne ich irgendwelche Schriftsteller.
Aber ich musste mich einfach mal auskotzen!
Dinge, die mich beschäftigen, aussprechen.
Scheiße, ich musste aufräumen in meinem schmerzenden Schädel.

Jetzt ist es kurz nach 23:00 Uhr und ich sitze vor meinem Rechner und denke über die korrekte Formulierung nach.
Ach scheiß drauf, ick bin Berliner und formuliere nicht rum.
Ich schreib einfach drauflos.

Meine Zeichnungen, gepaart mit meinen Kurzgeschichten, werden Dich in eine andere Welt entführen.

Vielleicht werden Dir meine Geschichten aus Deinem Leben bekannt vorkommen.
Spiel mit Deinen Instinkten und genieße meine Gedanken.

Nun wünsche ich Dir eine gute Unterhaltung, sowie eine nachdenkliche Zeit, außerhalb Deiner Realität.

Unter der Erde meiner geliebten Stadt

Gott, die Nacht steckt mir noch in den Knochen und ich frag mich, wann ich sie loswerde.

Mit der Kälte auf der Haut und dem Rauch in der Lunge gehe ich unter die Erde.

Ich atme aus und sehe im Nebel meiner Sucht all diese Stadtzombies fremdgesteuert an mir vorbeilaufen. Ich reihe mich ein, um tiefer in den Kaninchenbau zu kommen.

Angekommen, warte ich auf den gelben Schwanz, der mich tiefer in sie einführt, um mich zu meinem persönlichen G-Punkt zu bringen.

Ich bereite mich auf den kommenden Kopffick vor, denn U-Bahnfahren in Berlin bedeutet: Jeder ist sich selbst der Nächste und man sieht die Essenz dieser Stadt und all diese Lebensgeschichten der anderen, **fuck**, es wird mal wieder ein heißer Ritt.

Die Zügel fest in der Hand, steig ich auf und gebe den anderen die Sporen.

Geschafft, ich sitze und lass sie in mein Leben, ob ich will oder nicht.

Als Vorspeise gibt es ein Telefonat eines angepissten Handwerkers:

„Wat … wat hat der jemacht??? Scheiße, der hat wohl ne Fotze am Hals!!!

Mann, da tu ick … und der Vogel kommt nicht. Schein einreichen am Arsch."

Ruhe!

Das rote Licht scheint mir in die Augen und ich versuche die Vorspeise runterzuschlucken.

Doch der Kellner ist einer von der schnellen Sorte und serviert schon den Hauptgang.

Scheiße, warum greift hier nicht die Servicewüste Deutschland?

Aber bevor ich mir den ersten Bissen geben kann, wird es laut im Zug.

„Jeh außer Tür!!!", schallt es aus den Lautsprechern.

Als das geklärt ist, kann ich endlich anfangen mein zähes Stück zu essen.

Eine Bank weiter versucht ein verständnisvoller Mitbürger seiner Freundin ihr Handy zu erklären:

Er: **„Bist du behindert, Junge? Hab ich dir gestern schon gezeigt!“**

Sie: **„Was gestern?“**

Er: **„Alter, drück den Knopf, um Dings zu öffnen!“**

Sie: **„Ja Mann, ich drück doch!“**

Er: **„Nein, der andere!“**

Ich dachte nur, wenn du ihn nicht gleich drückst, drück ich ihn.

Einmal tief durchatmen und den Sender wechseln, denn unter der Erde hat man eine bessere Senderauswahl als per Satellit.

Nur leider auch mit Geruch.

Scheiße, wer oder was ist das, der meine Nase ficken will?

Er ist leicht auszumachen, obwohl der Zug voll ist, steht er in einer Lichtung.

Instinktiv atme ich durch den Mund und denke mir, so wird der nie ein Exemplar verkaufen.

Erfolglos verlässt er seine Lichtung und verschwindet hinter dem roten Licht, außer sein Geruch, der bleibt noch ein paar Stationen Begleiter meiner Reise.

Ich überspringe die Nachspeise und verlasse die Bühne.

Wieder einen ungeliebten Auftritt hinter mich gebracht und ne Zugabe gibt's später.

Ich fülle meine Lunge mit Rauch und gehe an die Oberfläche.

Der Lärm der Sirenen holt mich zurück in meine Welt und ich spüre wieder diese Kälte auf meiner Haut.

Verführung Feuerwaffe

Tief einatmen, ruhig bleiben, Tunnelblick, den Herzschlag hören, Angst, Stille,

Schuss!!!

Ausatmen, Adrenalin spüren, Macht fühlen, sich von der Kraft verführen lassen.

Wer zum ersten Mal abgedrückt hat, würde es so oder so ähnlich beschreiben.

Eins will ich klarstellen, dieser Bericht soll keine Verherrlichung sein!

Frauen sind wie Feuerwaffen: Gefährlich sind sie nur in den Händen Unerfahrener.

Bericht

Kaum geschlafen, heute ist es so weit. Jetzt wird man sehen, ob sich die wochenlange Ausbildung bezahlt macht.

Im Kopf noch mal alles durchgehen.

Augen öffnen, tief ausatmen, in den Augen der anderen lesen.

Sie schreiben den gleichen Thriller, unzensiert, mit ihrem Schweiß.

Der harte Sitz schüttelt mich in die Realität zurück.

Angekommen, hörte ich die Stimme meines Ausbilders:

„Absitzen, vor dem Tonner angetreten!“

Eingereiht, hoffte ich auf ein baldiges Ende des Unwetters, das mit dem Aufstehen angefangen hatte.

Durch den Sound in meinem Helm, ausgelöst durch den herabfallenden Regen, nahm ich schwer, aber bestimmend meinen Ausbilder wahr:

„Männer, was sagt ihr? Das Wetter hab ich extra für euch bestellt. Echtes Infanteriewetter! Gott, ich liebe es!“

Bevor ich über den tieferen Sinn dieser Aussage nachdenken konnte, ließ er noch einen los:

„Männer, es gibt kein schlechtes Wetter, nur schlechte Kleidung!“, sagte er und begab sich zu seinem Unterstand, wo schon ein heißer Kaffee auf ihn wartete.

Wir knieten uns unter ein paar kahle Bäume und rauchten den Zorn von uns weg – so gut wir konnten.

Nach seiner Kaffeepause reihten wir uns vor der Munitionsausgabe ein und lauschten erneut unserem fast trockenen Ausbilder:

„Männer, ich will keinen zucken sehen beim scharfen Schuss! Ein Soldat zuckt nicht!“

Ich dachte mir nur, ein Soldat lässt seine Kameraden auch nicht im Regen stehen.

Fuck, wer hat dich nur zum Ausbilder gemacht?

Bevor ich über weitere Schimpfwörter so wie „Hurensohn“ nachdenken konnte, wurde mir in den Rücken gerufen:

„Fünf Schuss richtig übergeben!“

Das hoffe ich für dich du … nein, keine Aggressionen jetzt!

Der arme Kerl kann nichts für den Wichser.

Blackout! Was soll ich sagen? Wie lautet die richtige Antwort?

„Schütze, was ist los mit dir? Beweg dich!“, keifte mich der Wichser von hinten an.

Ach ja, nachzählen, antworten: **„Fünf Schuss richtig übernommen!“**

Die letzten Meter durch den Schlamm, fast geschafft, der Puls steigt.

Der Respekt, der mich schon die ganze Zeit begleitete, beginnt ein erbittertes Gefecht mit meiner Angst.

Angekommen am Schießstand sah ich sie, auf mich wartend, unschuldig liegen.

Ihr Name: „P8“.

Ich konnte nur schwer meinen Blick von ihr abwenden und mich auf die Ansage meiner Schützenaufsicht konzentrieren.

Is auch scheißegal, was der da labert, ich kann das im Schlaf, bei Dunkelheit und bei eisiger Kälte.

Es lebe der Drill.

Bevor er seinen Sicherheitspsalm runtergebetet hatte, war ich technisch schussbereit.

Jetzt gibt's kein Zurück mehr … den Schlitten nach hinten ziehen und entsichern.

Tief einatmen, ruhig bleiben, Tunnelblick, den Herzschlag hören, Angst, Stille,

Schuss!!!

Ausatmen, Adrenalin spüren, Macht fühlen, sich von der Kraft verführen lassen und ich habe nicht gezuckt!

Berlin

Gesetzlos

Der Tabak fängt an zu verbrennen und ich schmecke den Rauch.

Mit einem Schluck schaler Cola von gestern auf der Zunge schwanke ich zum Klo.

Ausatmen, laufen lassen, die Geister der Nacht abschütteln, Wasser ins Gesicht, noch mal, fuck, der Spiegel will mich wohl verarschen?!

Bist alt geworden, Junge!

„Wie trinkst du deinen Kaffee?“ Die unerwartete Frage aus der Küche.

Kaffee? Scheiße, ich hab die Olle vergessen.

„Hey, Kleine, ich trinke meinen Kaffee immer alleine!“

„Wie jetzt?“

„Komm schon, zieh dich an und frühstücke zu Hause oder sonst wo!“

„Darf ich mich noch ein bisschen frisch machen?“

„Ja, sieh zu, Mädchen!“

„Weißt du, du kannst ein richtiges Arschloch sein!“

Das ist ja schon fast ein Kompliment, dachte ich mir und ließ den Kaffee in meinen müden Körper.

„Der schmeckt echt gut, hast du den mit meiner Maschine gekocht?“

„Jaja, leck mich, Wichser!“, sagte sie und ließ meine Tür für mich büßen.

Echt ein geiler Kaffee!

Zurück zum Geschäft. Meine Liste abarbeiten, die innere Uhr kontrollieren.

Eine Stunde Zeit bis zur Ankunft.

Telefon!

„Ja?“

„Sie haben eine Fahrgemeinschaft bestellt?“

„Genau, ich hoffe, dass Sie noch einen Platz frei haben.“

„Der vierte und letzte könnte Ihrer sein.“

„Gut, ich buche.“

„Denken sie dran, während der gesamten Fahrt wird nicht gegessen."
„Verstanden, bis später."
58 Minuten noch, dann beginnt mein Höllentrip. Einmal hin und vielleicht wieder zurück, so Gott will!
Gut, der Anzug ist gebügelt.
Sexy, echt ein unglaublicher Stoff.
Die Skimaske sitzt wie angegossen. Perfekt!
Noch einen Schluck schwarzes Gold, duschen, feinstes Duschgel auf der Haut – ein Geschenk meiner Mutter.
Ich hoffe, sie kann mir verzeihen und hält zu ihrem ersten Jungen.
Ich bin ein guter Sohn, hatte eine gute Kindheit, die Liebe und den Schutz der besten Mutter auf Erden.
Scheiße, jetzt hab ich ihre Stimme im Kopf:
Junge, sei ein rechtschaffener Mann und mach mir keinen Kummer.
Verdammt, könnte ich nicht die Stimme meines Vaters hören?
Dann wäre jetzt Stille in meinem schmerzenden Schädel, denn die kenne ich nicht.

Ich muss zurück in meine Realität und meinen Meinungsverstärker zusammenbauen.
G3-Sturmgewehr. Sie ist ein echter Klassiker und braucht viel Zuneigung.
Altes Mädchen, aber ihre Stimme ist so kraftvoll und verführerisch.
Viele verachten sie, doch ich bin ihr restlos verfallen!
10 Minuten.
Noch Zeit für ein Gespräch mit dem großen Manitu.
Nachdem ich ihm meinen Standpunkt erklärt habe, mache ich mein Handy aus, denn während der Fahrt wird nicht gegessen!
5 Minuten.
Der schwere lange Mantel gibt mir einen guten Stand, obwohl die Luft heute sehr stürmisch ist.
Noch eine Aspirin und eine Zigarettenlänge für meinen nervösen Organismus.

Scheiß Lampenfieber!
Dann steht meine Fahrgemeinschaft pünktlich vor mir.
Ich liebe es, mit Profis zu arbeiten.
Beim Öffnen begrüßt mich als Erstes Elvis' Stimme aus den Lautsprechern.
„Viva Las Vegas".
Später, denke ich mir und begrüße die Jungs.
Mein Sitznachbar fragt neugierig: „Und, mein Alter, wie war die Kleine?"
„Kocht einen echt geilen Kaffee."
„Scheiße, jedenfalls Kaffee kann die Schlampe kochen!", ertönt es aus der ersten Reihe.
„Mann, ick hab dir doch gesagt, dass sie's nicht bringt."
„Jaja, fahr jetzt den Scheißwagen!"
„Alter, beruhig dich. Ein schlechter Fick zieht mich auch immer runter."
„Quatsch mich jetzt nicht voll, Dr. Freud."
„Alles klar, bist du bereit?"
„Auf jeden!"
„Dann ziehen wir das jetzt durch!"
„Hast du jetzt die korrekte Angabe?"
„12 000 000 Euro."
Den Rest der Fahrt schweigen wir uns an.
Nicht weil wir uns nichts zu erzählen hätten.
Nein, jeder geht für sich das kommende Szenario noch mal durch.
Angekommen, ernte ich vertrauensvolle Blicke beim Aussteigen.
Mit vorgehaltenen Waffen und den Masken fest auf unseren Gesichtern betreten wir die Bank. Schüsse!!!
„Alles auf den Boden, Gesicht nach unten und Fresse halten!"
Einer springt auf den Tresen und schießt in Richtung Personal.
Es soll ja keiner den Knopf drücken.
Der andere rennt mit der Chefin zum Tresor.
Eine angeschossene Frau sieht mich mit ihren verweinten Augen flehend an.
Sie wimmert irgendwas vor sich hin.

Doch ich kann sie nicht verstehen, da schon wieder Blei durch die Luft fliegt.

„Der Tresor ist auf! Komm schon her!“

Ich kann es kaum glauben, denn auf dem Weg klingelt mein Handy.

Verdammt, ich hab’s doch ausgemacht.

Alles wird schwarz um mich und ich taste nach meinem Handy.

Wo bin ich? Ich liege. Scheiße, hat’s mich erwischt?

Gefunden!

Ich geh ran:

„Ja?“

„Junge, hast du noch geschlafen?“

„Mutti, bist du es?“

„Ja, hast du vergessen? Ich hol dich doch nachher ab.“

„Ja, nein, ich …“

„Also dann, bin in einer Stunde da.“

„Alles klar.“

Fuck, was ist denn hier los?

Der Tabak fängt an zu verbrennen und ich schmecke den Rauch.

Mit einem Schluck schaler Cola von gestern auf der Zunge schwanke ich zum Klo.

OUTLAW
GESETZLOS

Amor bedient nicht jeden!

Es wurde schon viel über die Liebe geschrieben und ich werde nicht der Letzte sein.

Aber ich werde dieses Thema mal etwas anders beleuchten.

Es geht hier nicht um eine Geschichte von zwei sich suchenden Seelen, die sich bei Kerzenschein zum ersten Mal küssen.

Ob ich an die Liebe glaube? Oh ja, sie ist da draußen versteckt und leider nicht für jeden zu bekommen, das weiß ich.

Hab ich sie gespürt? – Mit jeder Faser!

Nur leider verblasst dieses Gefühl mit der Zeit und ich erinnere mich kaum noch an die sogenannten Schmetterlinge.

Ich danke Gott dafür, eine kurze Zeit Gast dieser fremden Welt gewesen zu sein.

Mann, das war ein Wahnsinnstrip.

Doch als ich mehr von dieser Droge wollte, die intensiver ist als all die Vorgaukler aus Chemie, war mein Dealer verschwunden.

Sein Name: Amor.

So ist das wohl, Amor bedient nicht jeden!

Ich versteh's nicht … hab mich oft gefragt … so wie viele andere auch … wieso gerade ich?

Was hab ich falsch gemacht? War oder bin ich ein schlechter Mensch?

Ich kenne die Gründe nicht.

Aber eins weiß ich, dass es ein unerträglicher Entzug war, der sich über Jahre hingezogen hat.

Mein Herz hab ich mir wieder zurückerkämpft und verschlossen.

Leider hat es sich verändert: Vernarbt, kühler und der Empfang ist gestört,aber mein Sender funktioniert noch wie am ersten Tag.

Anscheinend ist dies meine Bestimmung und ich akzeptiere sie, und wer weiß, vielleicht werde ich ein besserer Amor sein, der zwei sich suchenden Seelen zum ersten Kuss verhelfen wird.

Schattenmädchen

Dies schreibe ich für Dich, Mädchen aus der Dunkelheit.
Du schönes Geschöpf spielst mit meinen Sinnen.
Mit dem Durst nach dem Blut meines Herzens.
Mein Geist folgt Dir in die dunklen Schatten.
Dort von Lust gebannt, sehe ich Dich wandeln zwischen Gefahr und Einsamkeit.
Da ich die Einsamkeit kenne, wähle ich die Gefahr.
Angekommen am verlassenen See, siehst Du mich fragend an.
Gefesselt von Deinem Blick, bringst du mich ans Wasser.
Dein weißes Kleid weht mir im Mondlicht die Sinne weg.
Ich möchte fliegen, nur mit Dir.
Aber meine Flügel hast Du mir abgerissen, aus Angst, dass ich fliehen könnte.
Die Musik des Sees bewegt Dich im Wind.
Ich stehe versteinert da und sehe Dich fliegen.
Dein langes Haar schwebt mit deinem Körper im Takt des Vollkommenen.
Wie geschieht mir?
Ist das Liebe oder Wahn, in dem ich mich befinde?
Meine Blicke wollen Dich finden, doch sie sehen Dich entschwinden.
Bleib hier, geh noch nicht!
Ich will Dir folgen!
Aber verankert in der Wirklichkeit sehe ich Dich weit weg von mir.
Weit im See des unerreichbaren Glücks.
Ein letztes Lächeln, als Du in den Wellen des Zieles verschwindest.
Es ist nun kurz vor Morgengrauen und ich höre Deine Stimme in meinem Kopf, die leise flüstert: **„Wir sehen uns heute Nacht!"**
Ist das gesund, Schattenmädchen?

Nach endlosem Warten und einer plagenden Hoffnung nach einer Vereinigung, sehe ich Dich schwebend vor einem Schloss.

Wie von einem Fluch getrieben, gehe ich auf Dich zu.

Will Dich umarmen, Deine Wärme spüren, doch Du lässt mich dein magisches Äußeres nicht berühren.

Von einem Schutzschild umgeben, lockst Du mich in die Tiefen der wohltuenden Ruhe.

In einem Saal, erfüllt von Deinem Duft, stehe ich nun hinter Dir.

Angst und Leid, meine ständigen Rivalen, fliegen über mir.

Wollen mich warnen vor Dir, doch mein Kopf ist schon Dein.

Was geschieht mit mir?

Ich habe große Schmerzen im Rücken, als würde ich von tausend Schlägen gepeinigt, doch Du hörst meine Schreie nicht.

Nur ein Lachen bekomme ich von Dir zu hören.

Der Schmerz lässt nach und meine Flügel stechen hoch hinaus.

Sie gleiten mit mir im Wind Deines Hasses.

Du drehst Dich um und aus Deinem lieblichen Gesicht wird eine Fratze der Hölle.

Ich muss Dich töten – Wesen des Grauens.

Unser Kampf gab mir Kräfte, die Du mir nie zusagtest.

Aus Wut und Verzweiflung wurde ein Sieg über die Illusion der Jahre.

Da liegst Du nun in einem See von Deinem roten Saft.

Zart streichle ich Dir deine weißen Wangen.

Weine um das Geschehene.

Dein starrer Blick trifft mich tief in meiner Seele.

Ich schließe Deine Augen und frage mich:

„Warum warst Du so falsch?“

Deine Gier nach meinem Herzen war zu groß.

Es ist nicht gesund, Schattenmädchen!

Hör auf nach mir zu suchen, denn ich habe keine Kraft mehr für Dich!

Hoffmann 2009

Jäger oder Sammler?

Die heutige Zeitrechnung:

Mann, fick dich …!

Scheißwecker …!

Alles klar, muss mich sammeln.

Einen Schlag später höre ich nur noch den Straßenlärm und versuch' die Realität zu verstehen.

Fuck, Montagmorgen und das Spiel fängt von vorn an.

Alles klar, den Ablaufplan aufrufen und auf das Beste hoffen.

Der Anzug ist gebügelt und hängt an der Tür.

Die Schuhe sind geputzt und der Geruch von Kaffee ist auch schon da.

Danke, Schatz.

Oh nein … Schatz, Scheiße, das Klo wird besetzt sein.

„Schatz, brauchst du noch lange?"

Er antwortet: **„Muss mir nur noch die Augenbrauen zupfen, Baby."**

Sie: **„Mach schon, Schatz, ich muss noch duschen und aufs Klo muss ich auch noch."**

Er: **„Bin gleich draußen, ach Schatz, wo ist mein Abdeckstift?**

Ich habe wieder diese roten Flecken bekommen."

Sie: **„Was quatschst du da vom Abdeckstift? Junge, beweg dich, ich muss zur Arbeit."**

Nachdem sich beide für den Tag fertig gemacht haben und alle roten Flecken abgedeckt sind, kann das Jagen und Sammeln beginnen.

Er sammelt das Geschirr vom gestrigen Abendbrot zusammen und flucht über die angetrockneten Reste.

Während sie nach ihrer Keule, dem Laptop, im Wäscheberg sucht.

Er: **„Schatz, bitte bring nicht alles durcheinander, ich hab sie ne halbe Stunde sortiert."**

Sie: **„Jaja, schöne Geschichte, hilft mir jetzt auch nicht weiter. Wo ist nur der Kacklaptop?"**

Er: „**Baby, du musst eben besser auf deine Sachen aufpassen. Warte, ich helfe dir."**

Sie: **„Hab ihn! Jetzt aber los, sonst verpass ich noch die U-Bahn. Gott, wie ich mich darauf schon freue."**

Er: **„Was willst du heute zum Abendbrot essen, Schatz?"**

Sie: **„Überrasch mich. Lieb dich."**

Sie küsst ihn schnell auf die Wange und verschwindet mit ihrer Keule hinter der Tür.

Er bleibt kopfschüttelnd zurück und stellt die Geschirrspülmaschine an.

Eine typische Situation, die sich heutzutage in einigen Haushalten der Welt abspielt.

So, nun steigen wir mal in meine Zeitmaschine und beleuchten dieses Ereignis in einer anderen Zeit.

Am Ende der Eiszeit:

Was für ein beschissener Traum riss ihn wohl aus seinem leichten Schlaf?

Der Schmerz in seinem linken Arm setzte wieder ein und er quälte sich vom Steinboden hoch.

Er öffnete seine Augen und erblickte seine Tochter zitternd an der Feuerstelle sitzen.

Seine Frau legte neues Holz nach und nahm die Kleine in ihre Arme.

Sie: **„Konntest du besser schlafen?"**

Er nickte und tastete sich an seine Wunde.

Sie: **„Ist es schlimmer geworden?"**

„Nein", log er sie an und stand auf.

Was sollte er auch sagen? Dass er seinen Arm wohl verlieren werde und nicht mehr für seine Familie jagen könne?

Sie: **„Hoffentlich hast du heute mehr Glück und triffst auf diese Herde."**

Seit Monaten verschwanden immer mehr Herden von Mammuts und Wollnashörnern.

Ein befreundeter Jäger meinte, dass das was mit dieser Wärme zu tun habe, die schleichend näherkam.

Aber eine Herde Mammuts war noch vor ein paar Tagen in der Nähe gesehen worden.

Vielleicht die letzten für lange Zeit.

Er gab seiner Frau sowie seiner Tochter einen festen Kuss und begab sich zum steinigen Ausgang.

In der rechten Hand trug er eine selbstgebaute Axt, mit der er schon so manche Schlacht gewonnen hatte.

Ein weiterer treuer Begleiter wartete schon vor der Höhle.

„Heute kriegen wir eins", sprach er ihm zuversichtlich zu.

„Ich hoffe, du hast recht, denn wenn nicht, werden sie sterben.
Sie haben seit Tagen nichts gegessen."

Sein Begleiter erwiderte: **„Du doch auch nicht.**
Aber mach dir keine Sorgen, wir schaffen das."

Nach einigen Stunden erreichten sie die fast aufgetaute Lichtung.

Sie konnten es nicht glauben, als sie ein Mammut erblickten.

Beiden Männern liefen Tränen das Gesicht hinunter und sie rannten schreiend drauflos.

Am Ende des Tages musste seine Familie nicht sterben und er konnte endlich wieder schlafen.

So, bevor mich jetzt alle für einen Scheißmacho halten, will ich was klarstellen:

Nein, Frauen sollen nicht wieder anfangen Beeren zu sammeln und Männer nicht wieder in den Wald rennen, um ein Tier zu reißen.

Es wäre nur schön, wenn wir zusammen auf Mammutjagd gehen könnten und nur sie sich die Augenbrauen zupfen würde.

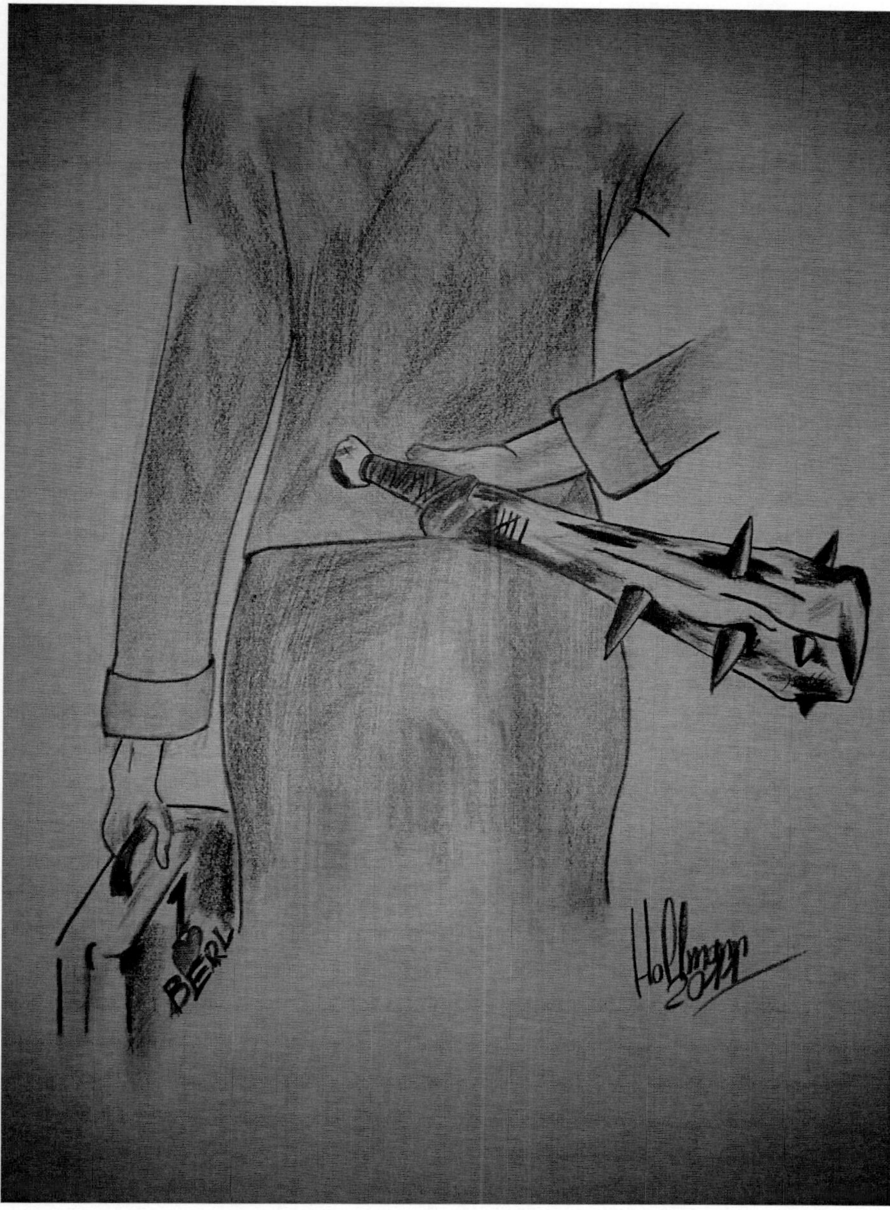
I ♥ BERL

Kreis der Freundschaft

Es lag was in der Luft, sagte man mir, und der Freundeskreis müsse sich treffen.

Neugierig war ich schon, aber als Erstes freute ich mich, alle mal wiederzusehen.

Das hatte es schon lange nicht mehr gegeben und es wurde echt mal wieder Zeit.

Viel zu selten waren diese Momente geworden und der Kreis hatte es nötig.

Als ich bei einigen Leuten noch mal nachfragte, was so Wichtiges in der Luft lag, bekam ich, begleitet von einem Blick auf den Boden, nur zu hören:

„Das wird sich zeigen, mein Alter."

Nun gut, wird sich schon zeigen, hoffentlich wird's ein geiler Abend, denn eine Garantie gab's schon lange nicht mehr für solche Treffen.

Rätselnd ging ich mit meinem besten Freund zum See.

Dass er der beste war, sollte sich später nach dem so wichtigen Treffen mal wieder für mich beweisen.

Ich konnte meinen Augen kaum trauen, alle waren sie gekommen.

Sie schienen schon länger an unserem üblichen Treffpunkt zu warten.

Wahnsinn, sonst waren wir immer die Ersten am Platz gewesen.

Scheiße, es musste wohl wirklich wichtig sein.

Nach einer wenig warmen Begrüßung nahm mich unser selbst gekürter Kreissprecher zur Seite.

Wir entfernten uns von der angespannten Truppe und er begann mit seiner üblichen Anfangsrede:

„Wie geht's dir?"

„Gut, danke, und selbst?“

Auf die Antwort warte ich heute noch.

„Es liegt was in der Luft.“

So weit, so gut.

„Ich spreche jetzt stellvertretend für alle. Dieses Treffen hat mit dir zu tun.“

Alles klar, endlich mal was Neues.

„Wie mit mir? Gibt’s ein Problem mit mir?“

„Ja …“

„Und warum spreche ich mit dir?“

„Ich kann dir alles beantworten.“

„Interessant, wir treffen uns alle seit Wochen mal wieder, der Kreis hat mit mir ein Problem und ich soll mich mit dir unterhalten? Schwachsinn! Wenn ihr mir was zu sagen habt, dann schön nacheinander in mein Gesicht.“

„Bist du sicher?“

„Los, sag deinen Leuten Bescheid und dann bringen wir das zu Ende.“

Er ging vor und bereitete seinen Kreis auf den wahrscheinlich härtesten Kopffick meines Lebens vor.

Nur einer wollte nicht mitficken.

Mein bester Freund stellte sich hinter mir auf und gab mir einen guten Halt.

Der Rest reihte sich zu einem Halbkreis vor mir auf und sah mich wartend an.

Da stand ich nun im Angesicht meiner Freunde?!

Ich sah jedem Einzelnen in die Augen und spürte eisige Kälte und einen Drang nach Schmerz.

Der See hatte aufgehört Wellen zu schlagen und kein Tier war mehr zu hören.

So muss sich wohl ein Weltuntergang anfühlen.

Da standen sie nun in ihren Richterroben und warteten auf ihre Urteilsverkündung.

Doch ich nahm mir als Angeklagter das Recht, mir selbst das Wort zu erteilen:

„Es scheint so, als hättet ihr ein Problem mit mir.

Ich höre mir jeden von euch an und werde erst dann antworten."

Mein Herz schlug zu schnell, das spürte ich und versuchte mich zu beruhigen.

Es fiel mehr schwer, keine Angst zu haben, nur denen würde ich es bestimmt nicht zeigen.

Ich drehte mich um und sah in starke Augen, die mir halfen, die ersten Peitschenhiebe in meine Fresse zu verkraften.

Mein Geist ging in der dritten von sieben Runden schon zu Boden.

Doch sie durften es nicht bemerken, sonst würden sie noch nachtreten.

Ihre Tiefschläge bestanden aus Vorwürfen, was ich doch eigentlich für ein beschissener Freund sei und dass ich mich gefälligst um die verletzte Schafsherde kümmern solle.

Angeschlagen wartete ich die letzte Runde ab und setzte mich in meine Ecke.

Gott sei Dank hab ich den besten Mann in meiner Ecke, den man haben kann.

So, Mundschutz wieder drin, ich bin dran:

„Ich bin sehr enttäuscht von euch!"

Der Satz brachte einige meiner Gegner ins Schwanken und ich sah in ein paar erschrockene Augen.

Ich bin nicht zu Kreuze gekrochen, wie man es von mir erwartet hat.

Nein, ich hab mich nicht entschuldigt.

Habe nicht um Gnade gefleht beim großen Gruppenführer.

Sogar eine Diskussion vom Zaun gebrochen habe ich, ich schlechter Mensch, die ich nach einiger Zeit auch wieder abbrach.

Da die Gegenseite mir nochmals erklären wollte, was für ein Penner ich sei.

Nur diesmal geschrien.

Keinen Respekt haben die in ihren Knochen!

Ich dagegen zeigte Respekt und verabschiedete mich kühler, als ich begrüßt wurde, und verließ schwer verletzt ihr Schlachtfeld.

Gott sei Dank musste ich diesen schweren Weg nicht alleine gehen und wurde von meinem Samariter gestützt.

Danke, mein Alter!

Ich freue mich schon auf den Rückkampf, nur diesmal bestimme ich die Arena wie auch die Anzahl der Gegner.

Fuck, war das unfair!

Diese Schlacht am See werde ich nie vergessen.

Ich habe wieder ein ungeliebtes Kapitel im Buch „Leben" lesen müssen.

Mal sehen, wie das nächste wird?!

Whisky & Huren

Der Schaum verschwindet hinter meiner Klinge und meine Haut fängt an zu brennen.

Das Aftershave tropft mir zwischen die Finger.

Ich streiche mir den gut riechenden Brennstoff aufs Gesicht und verfluche das Feuer auf mir.

Es ist wieder einer dieser Abende, wo man sich allein und ungeliebt fühlt.

Doch dem werde ich für kurze Zeit ein Ende setzen.

Ich schaue im Portemonnaie nach, ob das Geld für eine halbe Stunde Liebe reicht.

Beruhigt denke ich an meine Familie, die ich schon wieder drei Wochen nicht sehen konnte, aber das bringt ein Soldatenleben eben mit sich.

Neue Stadt, neue Liebe, die Mann kaufen kann.

Gut, der Schwanz ist gewaschen und ich dufte nach feinstem Duschgel.

Noch ein paar Spritzer herben Parfüms aufs gute Hemd und einen kräftigen Schluck Whisky.

Nach einem kurzen Schmerz streife ich mir die Jacke wie eine Art Rüstung zum Schutz meiner Seele über und begebe mich zum wartenden Taxi.

„Wo soll's hingehen, Soldat?“

Ich hätte mir kein Taxi vor die Kaserne bestellen sollen.

„Zum nächsten Puff, können sie mir da was empfehlen?“

„Ja … wohl schon lange weg von zu Hause?“

„Zu lange, wie weit ist es?“

„Zehn Minuten entfernt. Soll ich sie dann wieder abholen?“

„Ja, geben Sie mir Ihre Nummer, ich melde mich dann danach.“

„Hier, meine Karte.“

„Danke."

„Darf ich Sie was fragen, Soldat?"

Eigentlich hatte ich jetzt überhaupt keine Lust zu reden.

Aber der ältere Herr machte einen respektvollen Eindruck auf mich.

Außerdem erinnerte er mich an meinen Großvater, der jetzt ebenfalls mit seiner Schicht auf den Straßen beginnen würde.

„Gerne, was wollen Sie wissen?"

„Sind Sie schon viel rumgekommen?"

„Für meinen Geschmack zu viel. Ich habe das Land in alle Himmelsrichtungen bereisen müssen."

„Kein einfaches Leben, oder?"

„Nein, das sicher nicht, aber Job is Job."

„Aber man muss viel aufgeben, oder? Ich meine Familie und Liebe."

Treffer, versenkt, dachte ich mir und nickte.

„Sie sind nicht zu beneiden, aber ich möchte mich bei Ihnen für Ihren Dienst am Land bedanken, Soldat!"

Was??? Das hatte ja noch nie jemand zu mir gesagt.

Erstaunt sah ich ihn an, konnte kaum sprechen, außer: „Gerne, ich danke Ihnen."

Wenig später fuhren wir auf ein altes Fabrikgelände.

„So, wir sind da."

„Wir sehen uns später, ich werde mich bei Ihnen melden."

Nach meiner trinkgeldgefüllten Bezahlung stieg ich aus und stand vor einem mit roten Neonherzen geschmückten Weg.

Ich folgte der kitschigen Beschreibung, die mich wie Brotkrumen ins Knusperhaus lockte.

Nur dass da keine Hexe, sondern Liebe gebende Schönheiten auf mich warteten.

Auch wenn sie es nur für Geld taten, ihre Körper würden ehrliche Wärme spenden und mich für kurze Zeit vergessen lassen.

Ich ließ meine Zigarette die Sohle spüren und betrat das Schauspiel.

Als ich mir einen kleinen Überblick verschafft und meine Mitbuhler gezählt hatte, es waren drei, setzte ich mich an die Bar.

Nach kurzer Zeit bekam ich meinen doppelten Whisky mit Eis und einem Lächeln serviert.

Aus dem Augenwinkel sah ich sie auf mich zukommen, meinen Engel auf Zeit.

Ich drehte mich zu ihr und zeigte auf den Hocker neben mir.

Gott, sie war ein wunderschönes Wesen, nicht von dieser Welt.

Hellblaue Katzenaugen, schwarzes glattes langes Haar, eine Figur, die auf den Laufsteg gehörte.

Dank ihrer Stiefel bestimmt 1,90 m.

Ein traumhafter Busen, wenn auch nicht echt.

Feinste schwarze Wäsche und je näher sie kam, umso mehr stieg mir ein himmlischer Geruch in die Nase, den ich nicht mehr so schnell vergessen würde.

Jackpot, Junge, dachte ich mir und versuchte die Haltung zu bewahren.

Benebelt hörte ich den zauberhaften Klang ihrer Stimme:

„Hallo, Fremder, suchst du Gesellschaft?“

Wie geschah mir, ich spürte einen Kloß im Hals und musste mich konzentrieren.

„Ja, deine.“

„Sehr schön, ich heiße Leila.“

Ich reichte ihr meine Hand, die sie leicht verwundert nahm, und nannte ihr meinen Namen.

„Ich freu mich, dich kennenzulernen, Leila, möchtest du was trinken? Einen Sekt vielleicht?“

„Danke, ich hätte gerne auch einen Doppelten.“

Jetzt guckte ich kurz verwundert.

Wir stießen an und freuten uns beide auf das kommende Ziehen im Rachen.

Nachdem ich ihr die Zigarette angezündet hatte, fragte sie mich:

„Hast du dir schon die Stadt angesehen?"

„Nein, wieso?"

„Hätte ich mir auch denken können, denn wie ein Tourist siehst du auch nicht aus."

„Wie sehe ich denn aus?"

„Nach deinem einsamen Blick zu urteilen wie ein rastloser Reisender."

Wie viele Schiffe würde ich wohl noch die Nacht von meinem Brett nehmen müssen?

Schon wieder versenkt!

„Leila, du kannst in meinen eisigen Augen lesen?"

„Das fällt mir bei dir auch wirklich schwer."

„Dito."

„So jemanden wie dich trifft man sehr selten."

„Ich versteh das mal als Kompliment."

„Das kannst du ruhig."

Ihre Maske schien für den Bruchteil einer Sekunde zu verschwinden und sie nahm einen kräftigen Schluck.

„Leila, ich hoffe, ich habe dich nicht erschreckt?"

„Nein, du bist halt nicht die Art von Freier, die hier ein- und ausgehen.

Du sprichst mit mir respektvoll und hast was Geheimnisvolles an dir".

„Möchtest noch mehr sehen?"

„Lieber nicht, sei mir nicht böse, aber da werde ich auch vieles nicht so Schönes lesen können, oder?"

„Das würde ich nicht zulassen."

„Wir sollten uns ums Geschäftliche kümmern."

„Wie du möchtest."

Ich leerte mein Glas und folgte ihr aufs Zimmer.

Angekommen stand ich noch mit leicht zittrigen Knien vor ihrem Himmelbett.

„Was möchtest du machen?"

Ihre Maske saß wieder fest und ich sah einen Profi vor mir stehen.

„Blasen, anal, eine Stunde oder halbe Stunde ficken?“

Ich setzte mich aufs Bett, rieb mir den Kopf und sah sie tief an:

„Ich möchte eine halbe Stunde mit dir schlafen, Leila.“

Sie fing leicht an zu husten und nahm einen Schluck Wasser vom Nachttisch.

„Gut, das kostet dich 50 Euro.“

Ich reichte ihrer feuchten Hand das Geld.

„Du kannst dich schon mal ausziehen, ich bin gleich wieder da.“

Nackt setzte ich mich in den Stuhl nebens Bett, wo ich fünf lange Minuten warten musste.

Als sie den Raum erneut betrat, hatte sie nur noch ihre schwarzen Strapse an.

Dass sie mich schon wieder mit ihrer Schönheit umhaute, konnte ich diesmal verbergen.

Hab halt auch ein paar Masken im Gepäck, Leila.

Sie ging mit einem künstlichen Lächeln an mir vorbei und beugte sich vorn übers Bett.

„Komm schon, benutz mich, oder willst du unten liegen und ich besorge es dir von oben?“

„Leila, du hast mir vorhin gesagt, ich sei nicht wie die Freier, die hier ein- und ausgehen, dann behandle mich auch nicht so.“

„Entschuldige, ich wollte nicht respektlos sein, ich dachte nur …“

„Ist schon gut, leg dich bitte hin und um den Rest kümmere ich mich.“

„Ich soll mich einfach nur hinlegen?“

„Ja, ist schon okay.“

Ich streichelte ihre Beine von ihren Füßen beginnend und öffnete sie langsam.

Ihre Muschi roch nach Feuchttüchern und das Gleitmittel glänzte auf ihrer rasierten Haut.

Als ich ihren Bauch zärtlich küsste, vernahm ich ein leises Stöhnen ihrerseits.

Angekommen am Busen, spürte ich ihren schnellen Herzschlag und sah ihre Maske bröckeln.

Ich streifte mir das Kondom über und flüsterte ihr ins Ohr:

„Heute Nacht wird keiner benutzt, Leila."

Treffer, versenkt!

ove me tender

Stadtträne

Viele Tränen werden Tag für Tag in der Stadt des Bären vergossen.

Aber diese Stadtträne, von der ich berichten werde, war die letzte ihrer Art, die ich vergossen habe.

Mein Herz ist verschlossen und stark vernarbt.

Es fällt mir schwer, die richtigen Tasten zu treffen, da ich beim Schreiben wieder diesen alten Schmerz verspüre, den mir diese Schlampe zugefügt hat.

Kurze Pause für mein mich beherrschendes Nikotin.

Über Liebeskummer wurden schon so viele Ratgeber geschrieben, Selbsthilfegruppen gebildet und Lieder komponiert, die einem über diese schwere Zeit helfen sollen.

Für mich ist das nichts!

Keine Hilfe, denn am Ende des Tages liege ich wieder allein im Bett und rieche an ihrem Nachthemd.

Ihr Duft verschwindet mit jedem Atemzug und ich spüre wieder diesen Hass in mir.

Bericht

Schlaftrunken griff ich nach dem Schalter meines verfickten Boilers und legte ihn um.

Hoffentlich würde ich in einer halben Stunde heißes Wasser haben.

Außer Klopfgeräuschen bekam ich in letzter Zeit nicht mehr viel von ihm zu hören.

Egal, erst mal sehen, wie spät es ist.

Fuck, 18:00 Uhr.

War mal ein ausgiebiger Mittagsschlaf, dachte ich mir und griff nach den Zigaretten.

Angekommen in der Realität, wählte ich die Nummer meiner Auserwählten.

Nach einem weiteren Zug nahm sie ab.

„Gut, dass du dich meldest, ich wollt' dich auch gerade anrufen."

„Hey, Kleine, alles okay? Hörst dich gestresst an."

„Bin ich auch ein bisschen, wir müssen uns sehen.
Am besten noch bevor wir die anderen treffen."

„Alles klar, wann? Denn mit den anderen sind wir um 20:00 Uhr verabredet."

„Ich bin in einer Stunde bei dir, lass uns doch beim Iren treffen."

„Gut, wir sehen uns dort und beruhig dich."

„Alles klar, bis bald."

Aufgelegt!

Was war denn das jetzt für ne Nummer?

Es war doch alles klar zwischen uns und heute wollten wir es unseren Freunden sagen.

Aber bevor ich weiter nachdenken konnte, holte mich das Hämmern meiner modernen Wasserzubereitung wieder zurück.

Dieser Penner!

Lauwarm geduscht, stand ich zur vereinbarten Zeit vor unserem Lieblingslokal, das ich an diesem Abend das letzte Mal betreten würde.

Die Umgebung war kühler geworden und ich schloss das schwarze Leder, das mich umgab.

Ich sah sie schon aus der Ferne auf mich zukommen und mein Herz begann angenehm schnell zu schlagen.

Ebenfalls das letzte Mal an diesem Abend.

Ihre Begrüßung passte sich der Umgebung an und ihre Kälte durchbrach die dunkle Tierhaut.

Die Stirn in Falten gelegt, betrat ich nach ihr das Lokal.

Wir setzten uns an unseren Platz, wo sie sich schnell die Getränkekarte vors Gesicht hielt.

Gut, dachte ich mir und lehnte mich gespannt zurück, denn es gab für uns eigentlich keine Wahl.

Als nach kurzer Zeit unsere üblichen Getränke vor uns standen, nahm sie einen riesigen Schluck und begann leise zu erzählen:

„Bevor wir uns nachher mit den anderen treffen, muss ich dir was Wichtiges sagen."

„Ja, meinteste schon am Telefon. Was ist denn nur los?", fragte ich sie und wollte ihre Hand nehmen.

Doch bevor ich sie halten konnte, zog sie sie zu ihrem Mund.

Ihr Gesicht verwandelte sich in eine steinerne Maske und sie erzählte kalt weiter:

„Als du mir neulich deine Liebe gestanden hast, habe ich Angst bekommen."

„So wie ich jetzt, Kleine."

„Unsere Freundschaft war was Besonderes und mit deiner Frage hast du alles kaputtgemacht."

Fassungslos hörte ich ihre fremde Stimme und bekam einen Tunnelblick, der alles andere um mich herum ausblendete.

„Du hast dich verändert und weißt anscheinend nicht mehr, wie man eine besondere Freundschaft pflegen müsste.

Daher kündige ich dir hiermit die Freundschaft!"

Als sie den Vertrag zerrissen und mit ihrem feurigen Atem weggepustet hatte, sah ich in ihre hasserfüllten Augen und mein persönliches Armageddon begann.

Da ich versteinert war und meinen Schutzschild zu Hause gelassen hatte, nutzte sie ihre Chance und schlug mir geistig ins Gesicht.

Danach trat sie mich benommen zu Boden, zog ihre Waffe und entleerte ihr Magazin in mein Herz.

Ich hielt mir die Brust und beugte mich zu ihr rüber.

„Ist das alles, was du mir nach all den Jahren zu sagen hast?“

Sie bejahte und legte ihre rauchende Waffe nachgeladen auf den Tisch.

Ohne ein weiteres Wort wandte ich mich von ihr ab, bezahlte meine Rechnung und schleppte mich nach draußen.

Jetzt kommt eigentlich immer die Stelle, wo man seiner Verflossenen alles Gute für die Zukunft wünschen und hoffen sollte, dass sie den Richtigen treffen möge.

Am Arsch!!! Ich wünsch ihr alles Schlechte und keinen Richtigen.

Da man sie vor kurzer Zeit allein und mit traurigem Blick gesehen hat, wurden meine Wünsche wohl erhört.

Jetzt kannst du schön deine neue Freundschaft, die Einsamkeit, pflegen, Schlampe.

poesie

Jagdinstinkt

Hungrig öffnete ich meinen Kühlschrank.

Doch statt genügend nahrhafter Fertigprodukte bekam ich ein Bild des Grauens zu sehen.

Ein Heuballen schwebte durch meine kühle Geisterstadt und der Streik meiner abgemagerten Mäuse weckte in mir meinen Jagdinstinkt.

Scheiße, dann ist es wohl wieder so weit.

Ich muss mich bewaffnen und ein gutes Jagdrevier finden.

Meine Überprüfung der Waffe ergab, dass ich nicht genügend Kugeln in der Trommel hatte und deswegen noch zur Bank musste.

„Also dann, Cowboy“, sagte ich zu meinem Spiegelbild und steckte den Colt in das Halfter.

Die Stiefel waren geputzt und die Sporen funkelten in der Sonne.

Wieder einer dieser gottverdammt heißen Tage, die die Stadt schon seit einer Woche in die Knie zwang.

Die flimmernde Hölle, die sich über mich ergoss, ließ mich fast zur kalten Geisterstadt zurückreiten.

Doch der Hunger und sein neuer Kumpel Durst halfen mir das Revier zu erreichen.

Der Revolver war voll geladen und ich betrat schweißgebadet den Supermarkt.

Einmal tief durchatmen, aus der Hocke wieder aufstehen und bloß keine Schwäche zeigen.

Man jagt hier schließlich nicht alleine.

Die erste Hürde bestand in der Beschaffung eines verdreckten Wagens.

Glück gehabt, die vorletzte, nicht ganz so stark beschmierte Karre konnte ich mir erkämpfen.

Nur ein paar zerquetschte Radieschen, gepaart mit einem Dutzend Kassenbelegen sowie herabhängendem Schnittlauch, bildeten die Grundlage meiner Jagd.

Ach ja, eines der hinteren Räder blockierte ein bisschen meine rasante Fahrt, aber sonst eigentlich ein guter Beginn meiner beschissenen Reise.

Hätte mich auch härter treffen können, so wie den Typen neben mir, der hatte nur drei Räder.

Die Klimaanlage kühlte meinen Körper langsam runter und ich konnte meine Umgebung besser wahrnehmen.

Doch musste das gerade in diesem Gang passieren?

Ein fetter Kerl, bei dem die Kälte noch nicht eingesetzt hatte, schaute sich interessiert das Etikett einer Sauerkrautdose an.

Als er anfing, lächelnd seine Konserve des Glücks in seinem Dosenmeer verschwinden zu lassen, ließ er volles Rohr einen fahren.

Sein Grinsen wurde größer und der Gang wurde mit seiner Note überflutet.

Jetzt aber nichts wie weg.

So eine Scheiße musste ich mir, so wie die fliehende Herde hinter meinem verklemmten Rad, nicht geben.

Angerempelt vom Dreirad, rutschte ich in die Schnaps- und Getränkeabteilung.

Da die unsichtbare Gefahr näherkam, beschloss ich meine Getränkewahl zu beschleunigen.

Noch mal alles im wieder erhitzten Kopf durchgehen.

Whisky, Sekt, Cola, Ginger-Ale und Multisaft, wegen der Vitamine.

Alles klar, vorsichtig im Schneckentempo an der alten Frau vorbei und zur Fleischtheke.

Bin schließlich ein Jäger, kein Sammler!

Angekommen, schaute ich durchs beschmierte Glas und fragte mich, was ich heute für ein Tier reißen würde.

Ich entschied mich für Rind und mein Jagdhelfer packte das rote Stück für mich ein.

Mit tropfendem Zahn begab ich mich zum Hygienebereich, muss ja schließlich noch meine Höhle schrubben, bevor ich den Damenbesuch hineinlassen kann.

Da stand ich nun vor dem riesigen Angebot an WC-Reinigern und staunte nicht schlecht über so viel chemische Begriffe.

Na gut, was hat Mutti in einem solchem Fall gekauft?

Angespannt nachdenkend, bemerkte ich zwei miteinander diskutierende Mädchen.

Ihr Thema: den optimalen Tampon zu finden.

Es wurden Vor- und Nachteile besprochen sowie leichte oder starke Tage.

Das war mein Zeichen.

Ich griff mir noch ein Paket Klorollen und sah zu, aus der Reichweite des Frauensenders zu kommen.

Das verklemmte Rad am Wagen gab nach und löste ungewollt den Turboboost aus.

Wie sollte es anders sein … bei meinem Glück raste ich ungebremst in einen mit Kindern behangenen Wagen und bekam den zornigen Blick einer genervten Mutter zu spüren.

„Pass doch uff, haste keene Augen im Kopf?“

„’Schuldigung, aber der Wagen …“

„Jaja, Scheiße is dit!“

„Beruhigen Sie sich doch, is doch nichts passiert.“

„Mann, seh zu, daste Land jewinnst!“

„Dumme Braut“, dachte ich mir und schob meine neu verbeulte Mistkarre an den Gaffern vorbei.

Hinter mir hörte ich noch das blöde Gekicher der Naturbluter.

Euch wird das Lachen noch vergehen, wenn ihr den falschen Tampon benutzt.

So, genug gejagt, ab zur Kasse, die letzte beschissene Etappe für heute.

Doch wen musste ich dort vor mir sehen? Den Sauerkrautfetischisten.

Aufgrund der braunen Gefahr einer Luftverschmutzung, reihte ich mich zwei Kassen weiter ein.

Aber wie man's macht, macht man's falsch.

Nun stand ich schnell eingekesselt hinter einem Riesen, der sich dachte, dass man bei hoher Außentemperatur lieber kein Deo benutzt.

Na, läuft ja wieder großartig, diese Jagd.

Nächstes Mal bleib ich zu Hause und esse die mageren Mäuse und sauf aus der Leitung.

Seine schweißgetränkten Arme legten seine Beute aufs Band.

Bei jeder Bewegung wehte mir sein Parfüm Marke Eigenbau in die Fresse.

Ich drehte mich zur Seite und sah den Krautmann wieder grinsen.

Fuck, mir wird heute aber auch nichts erspart!

Bevor ich ohnmächtig wurde, bewegte sich dieser stinkende Haufen Schweiß weiter.

Aber jetzt nicht gleich jubeln, denn die alte Dame von der Schneckenrallye vorhin begann ihre hohe Rechnung mit, wie sie sagte, „Pfennigen" zu bezahlen.

Als ich noch darüber nachdachte, wer hier noch fehlte, hörte ich es hinter mir scheppern und eine mir bekannte Stimme ertönte.

„Jibts doch nich, sind denn hier nur Vögel unterwegs?"

Genau, das Dreirad hatte noch gefehlt.

„Haste ein Problem, Alte?"

„Ja, hab ick, und wen nennste hier Alte?"

„Komm, nimm deinen Kindergarten auf Rädern ausm Weg und verpiss dich!"

Als sich noch der Filialleiter einmischte, wartete ich nur noch auf den Atompilz am Horizont.

„Äh, kann ich Ihnen irgendwie helfen?"
Sie: **„Wat hast du denn jetzt fürn Auftrag, du Zwerg?"**
„Wenn Sie sich jetzt nicht langsam beruhigen, muss ich Sie beide bitten den Laden zu verlassen."
„Ick wurde hier schon zweimal angefahren, ick bin hier dit Opfer!"
Dreirad: „Dit liegt an euren beschissenen Wagen hier."

Nachdem die Brut des Muttertieres lauthals anfing zu schreien, schleuste der Zwerg sie zu seiner privaten Kasse.

Das Dreirad versuchte sich derweil per Reißverschlusssystem in die Nachbarschlange einzufädeln.

Doch dieses hoffnungslose Trauerspiel musste ich mir nicht mehr länger ansehen.

Ich legte meine Patronen auf die Ablage und ritt der untergehenden Sonne entgegen.

Nachttänzer

Das helle Mondlicht wies mir den Weg durch meine dunkle Wohnung.

Den Traum noch im Kopf, sah ich aus dem Fenster auf die schwarze Welt.

Ich ließ die kalte Wahrheit hinein und hörte den Atem der Straße.

Der Energiedrink zischte beim Öffnen und verschwand schnell in meinem Organismus.

Jetzt noch eine Schippe Teer in die Lunge, dann kann endlich die Nacht beginnen.

Die Tanzschuhe glänzen auf dem Asphalt und ich laufe auf leuchtenden Feldern zur S-Bahn.

Alle Vorbereitungen für mein Theaterstück sind abgeschlossen, nur das Lampenfieber macht mir noch ein bisschen zu schaffen.

Als die ungeliebte Fahrt über die Erde meiner geliebten Stadt vorbei war, betrat ich rauchend den letzten Weg, an den ich mich morgen noch erinnern würde.

So wie diese vorglühende Gruppe Mädchen vor mir, die nach meinem Empfinden eher schon brannten.

Zu viel Kohlen im Kessel, Mädels, so wird das nichts mit der mir jetzt bevorstehenden wichtigsten Hürde für diese Nacht.

Angekommen beim Torwächter, zwang ich mir ein Lächeln auf und ließ seine Musterung leicht aufgewühlt zu.

Nachdem er mich mit seinem Röntgenblick durchleuchtet hatte, durfte ich die beschützte Festung betreten.

Ich zahlte den Wegezoll und gab meine Jacke dem Personal.

Als ich den bassdurchfluteten Raum betrat, traf mich eine riesige Welle Oberflächlichkeit.

Damit hatte ich gerechnet und ich verschwand ohne Schaden in der Menge der anderen Schauspielkollegen.

Nach kurzer Zeit fand ich den Tisch meiner Freunde und schraubte das fünfte Rad an den Wagen.

Nein, nein, ich fühle mich nicht überflüssig, doch wenn man die Nacht mit befreundeten Pärchen verbringt, schleicht sich immer so ein komisches Gefühl ein als Solokünstler, aber dies ist eine andere Geschichte.

Erst mal im Programmheft nach dem heutigen Angebot sehen.

Ich würd' sagen, die üblichen Verdächtigen.

Tussis, harte Typen, Verklemmte, Frischlinge, Selbstdarsteller und ein paar Normale.

Aber mal ehrlich, wer ist schon nachts, in der Stadt, die niemals schläft, normal?

Da mein Song noch nicht zu hören war, beschloss ich, mir einen Helfer zu bestellen.

Hat diesmal auch gar nicht lange gedauert.

Nur 15 Minuten, inklusive Reindrängen, Wortgefechten mit der Barfrau und dem Rest, der ebenfalls Durst hatte.

Als ich an den leeren Tisch zurückkam, bemerkte ich ihre Blicke in der Nähe.

Sie war eigentlich zu hübsch, um mich zu beobachten.

Doch das hielt sie nicht ab, die Leere zu füllen, und sie setzte sich mir gegenüber.

Ein fleischgewordener Traum mit blondem Haar, Rehaugen und wenig an.

Ist ja auch schweineheiß hier, wie überall, wo die Discokugel hängt.

Ungefragt ging ihr Sprachzentrum an.

Viel konnte ich nicht verstehen, da Madame schnell und hoch sprach und der DJ von hinten gut gegen diesen Ausbruch arbeitete.

Aber als sie mir ihr leeres Glas zeigte und das Wort „einladen“ fiel, war der Fall klar.

Tja, ich hatte es doch gewusst, sie war zu hübsch, um sich einfach nur so mit mir zu unterhalten oder mit mir das Tanzbein zu schwingen.

Ich lächelte sie an und bat sie, schon mal vor zur Pferdetränke zu gehen, um dort auf mich zu warten.

Sie kicherte und tanzte leichtgläubig in Richtung Schlachtfeld.

Ich sah ihr noch ein bisschen zu, bis sie winkend von der Menge verschluckt wurde.

Jetzt konnte ich endlich mein fast warmes Bier genießen – eben auf englische Art.

So wie dieser Hooligan, der eine Bank weiter saß und verständnisvoll zu mir rübersah.

Abgestützt auf seiner schlafenden Freundin, beugte er sich zu mir rüber und gab mir angetrunken einen Rat:

„Mann, vergiss die Fotze, schau dich um. Sind noch genug Mösen im Spiel!"

So, darauf erst mal einen großen Schluck von meinem Zweitgetränk Whisky.

Kurz sammeln und im richtigen Code antworten, denn das Spiel soll ja nicht vor der Halbzeit für mich zu Ende sein.

Scheiß Torwächter, wie konntest du den nur reingehen lassen.

„Meinste?", war meine Antwort.

„Klar Mann, ick kenn mich aus mit Weibern!"

Ein Blick unter seinen aufstützenden Arm verriet mir zwar was anderes, denn es war nicht gerade ne Schönheit, die sich der weise Fußballfan da eingefangen hatte.

„Wenn ich vom Pissen wieder zurück bin, würde ich gern mehr erfahren", log ich ihn an, nahm meine Getränke und ging zu den Nasszellen.

Auf dem Weg drückte ich meinem Kumpel die Stimmungsmacher in die Hand und erklärte ihm, warum unser Tisch für heute Nacht gestorben sei.

Beim Betreten des verkeimten Raumes stieg mir gleich ein beschissener Geruch in die Nase, der mich daran erinnerte, weswegen ich hier war.

Ich glitt auf dem feuchten Boden, gespickt mit Einwegtüchern, zur nächsten offenen Kabine.

Als ich hineinging, bemerkte ich auf der anderen Seite einen Widerstand und es begann leicht auf meine beschmutzten Schuhe zu schneien.

Na super, ich hab einen Kerl beim Nasepudern angerempelt.

Angriff ist die beste Verteidigung, dachte ich mir und schimpfte los:

„Mann, mach die Tür zu beim Koksen!"

Das hatte sogar den Klomann geweckt, der an mir vorbei zum Schneemann rutschte.

Mit voller Blase stand ich nun vor dem laut gewordenen Scheißhaus und überlegte, der Reinigungskraft für ihre gute Arbeit den Teller zu leeren, aber ich bekam die Hand nicht vom Sack.

Scheißbier, wenn man einmal damit anfängt.

Egal, ab auf's Frauenklo, wird schon gut gehen.

Fuck, hier stinkt's ja auch nach Pisse, gepaart mit schlecht riechendem Parfüm.

Beschimpft stand ich endlich vor der verdreckten Schüssel und schloss ab.

Da ich Stehpinkler bin, wie die meisten Frauen hier auch, ließ ich der Natur freien Lauf.

Draußen schrien die Zicken nach dem Torwächter, doch der war Gott sei Dank noch mit dem Schneekönig beschäftigt.

Genug Zeit, um zu pissen und mir gleichzeitig das Kotzen nebenan geben zu müssen.

Angewidert verließ ich unter Geschrei meine zerstörte Welt eines sauberen Frauenklos.

Auf dem Rückweg zu einem anderen Tisch griff ich mir wie beim Staffellauf mein neues Herrengedeck und atmete tief durch.

Als ich saß und den anderen von meinen Erlebnissen berichtete, spielte der DJ endlich meinen Song.

Eine Freundin begleitete mich auf die Tanzfläche und die Felder unter mir begannen wieder zu leuchten.

An den Rest kann ich mich leider nicht mehr erinnern.

Zu viel warmes Bier oder Whisky.

Ich hab nur noch ein Bild im Kopf, wie Rettungskräfte die verbrannten Mädels vor der Festung aufweckten.

Tja, jeder tanzt die Nacht auf seine Art.

AMG

Frau am Fenster

Die Stadt scheint wohl schon länger wach zu sein als mein Verstand, dachte ich mir und griff nach dem halb leeren Glas Wodka von vorhin.

Gott, was für einen Schlag in die Fresse musste ich auf einmal spüren.

Die Augen wieder geschlossen, ging ich zu Boden.

Ich tastete nach den Aspirin und ließ sie ihren Freischwimmer im russischen Meer machen.

Aber ihre Abschlussprüfung würden sie in meinem Magen ablegen müssen, wo sie ebenfalls noch nüchtern mit einem Produkt aus der Tabakindustrie Bekanntschaft machen würden.

Bevor die zehn Sekunden rum waren und der Kampfrichter den Schmerz als Champion kürte, richtete ich mich auf.

Mann, ich musste aufhören, den gut organisierten Bruch zu feiern.

Außerdem musste ich nach einer Woche mal wieder länger raus auf die Straße.

Wird schon genug Gras gewachsen sein.

Die Bullen tappen völlig im Dunkeln, außer mir, denn wie ich gerade merkte, tappte ich in die fremde Unterwäsche der letzten Nacht.

Ein zweiter Blick auf den klein gewordenen Haufen Geld sagte mir, dass sich die Damen selbst bezahlt hatten, und ein üppiges Trinkgeld hatten sie sich bei genauerem Hinschauen wohl auch noch gegeben.

Egal, ist ja noch genug vom Freudenspender aus Papier da.

Warum ich ihn für Tangas verwendet habe, bleibt ungeklärt.

Okay, Deo untern Arm, Sonnenbrille auf, wegen der gefährdeten Augen, Hemd von vorgestern, Hose und Sportschuhe, mit Mundwasser gurgeln, Tabak anzünden und raus auf den heißen Asphalt.

Scheiße, ich hab die Ohropax vergessen für den rasenden Herzschlag der Stadt.

Warum musste ich mir meinen Unterschlupf auch an Manhattans belebter Straße leisten.

Ich rieb mir den Fünftagebart und gähnte den Smog in meine Lunge.

Kurz abhusten und den Gehweg checken.

Gegenüber bemerkte ich den Umzug eines Supermodels.

In Gedanken an vergangene, verhasste Umzüge kam mir das Grinsen zurück ins Gesicht, da ihre Helfer, bepackt mit kleinen Tütchen und Kleidern an Bügeln, den Gipfel des fahrstuhllosen Berges erklimmen mussten.

Das wusste ich genau, da ich mir das Haus vor drei Wochen als mögliches Versteck angesehen hatte.

Ich steh eben auf hohes Wohnen, aber nur mit Gehhilfe.

Angekommen an „Joe's Hot Dog Temple" fragte mich Dave:

„Wie immer?"

„Weißt ja, wenn der Weg gut ist, dann bleib drauf."

„Sorry, Alter, aber du stinkst voll nach Muschi."

„Geil, oder?"

„Mann, bist wohl nur noch am Vögeln und Saufen?"

„Soll ich dir das mit dem Weg noch mal erklären?"

„Hab schon verstanden."

„Gut, dann pack mir drei ein und wenn du ne Nachricht für mich hast, steck sie dazu."

„Ja, habe ich, wird dir aber nicht gefallen."

„Alter, reg mich nicht auf, meine Tabletten fangen gerade an zu wirken."

„Das liegt doch nicht an mir. Scheiße, bleib bitte ruhig, bin doch nur der verkackte Bote."

Bevor ich mich über seine Dienstbeschreibung auslassen konnte, wurde ein Blitzer ausgelöst und traf mich frontal.

„Fuck Mann, seit wann steht denn hier ne Blitzeranlage?"

„Welche Blitzeranlage? Scheiße, du bist ja noch besoffen, Alter."

„Sind meine verkackten Hot Dogs fertig?"

„Ja, hier. Bis morgen dann."

„Mal sehen, vielleicht lass ich mir was vom Mongolen liefern."
„Bleib aufm Weg, mein Alter."

Ich nickte und begab mich auf die Welle der ankommenden Menschenmenge, die mich nach Hause schwemmte.

Auf der anderen Seite wurden noch die letzten voll bepackten Bücherkisten nach oben geschleppt.

Ich hasse Umzüge.

Als ich mir den ersten Köter schmecken ließ, faltete ich die Beilage auf und las entgeistert die unpassende Nachricht.

Sie wurden erwischt und ich soll unbedingt den Kopf unten halten.

Fuck, fuck, fuck!

Wie nur? Alles schien perfekt zu sein. Die Flucht aus der Heimat, die falschen Pässe, unbekannt bei einheimischen Behörden.

Scheiße, bald sollten wir am Pool des besten Hotels von Las Vegas liegen.

Ich ging aufgeregt auf und ab, das Handy im Anschlag, öffnete ich das Fenster.

Auf die gleiche Idee kam auch meine neue Nachbarin von gegenüber.

Als sie zu mir rübersah, steckte sie sich eine Zigarette an und atmete sexy für ein paar Sekunden meinen Frust weg.

Wer bist du nur, Frau am Fenster, die beim Ausatmen meine Sinne wegpustet?

Scheiße, hab jetzt keine Zeit für Tittengedanken.

Nachdem ich fertig gefrühstückt hatte, wählte ich den abgesprochenen Notruf.

„Hier Reiseführer James, was kann ich für sie tun?"
„Der Deutsche hier, ich will meine Reise umbuchen."
„Sind Sie unzufrieden mit Ihrem Hotel?"
„Ja, Ungeziefer hat meine Freunde gefressen."
„Soll ich den Kammerjäger benachrichtigen?"
„Nein, brauch einen neuen Flug!"
„Übermorgen könnte ich einen Direktflug anbieten."

„Gebucht!“

„Dave wird morgen die Reiseunterlagen für Sie bereitlegen.“

„Ich hoffe, es gibt keine Turbulenzen auf meinem Flug.“

„Keine Sorge, Luftlöcher werden wir umfliegen.“

Einigermaßen beruhigt legte ich auf und sah die Fremde hinterm Vorgang verschwinden.

Es wurde eine schlaflose Nacht, die mich immer wieder zum Aufstehen zwang.

Die Schachtel leerte sich und ich war gezwungen, die Tür zur Dachterrasse zu öffnen.

Ich rieb mir die Augen und sah die Zigarettenglut des Supermodels mich beleuchten.

Die würde ich noch durchziehen, bevor ich mich an den einarmigen Penner setzen würde.

Scheiße, New York, wirst mir fehlen.

Nach einem whiskyreichen Schlummertrunk auf meine Familie daheim und die Brüder im Knast rauchte jeder von uns drei Zigaretten und ich ging ein bisschen schlafen.

Geweckt durch das Klingeln an der Tür, ging ich bewaffnet hin.

„Ja?“

„Hi, ich bin die neue Nachbarin von gegenüber.“

„Fuck, und bist früh wach, oder?“

„Es ist 14:00 Uhr.“

„Moment.“

„Störe ich gerade?“

„Moment bitte.“

Ich öffnete mit zugekniffen Augen die Tür und erblickte die Mitrauchende.

„Mein Name ist Jessie“, sagte sie und reichte mir die Hand.

Ich nickte höflich beim Händeschütteln und wartete auf die Fortsetzung ihrer Geschichte.

„Ich hab dich beobachtet. Du schienst mir sympathisch und ich kenne hier ja noch keinen. Da bin ich einfach mal rübergekommen und hab überall mal geklingelt und nun stehe ich hier.“

„Jetzt mal langsam, was willst du von mir?“, fragte ich sie und kratzte mir den Rücken mit der P8.

„Sorry, kannst du mir bitte helfen meine Anlage anzuschließen?“

„Sehe ich aus wie ein Elektriker oder so was?“

Mann, ich bin morgens aber auch immer scheiße drauf.

„Ich meine, gib mir fünf Minuten, wir können uns das gleich mal ansehen.“

Als ich die Tür schloss, sah ich in wieder erstrahlte Augen.

Scheiße, muss noch Deo kaufen, bevor ich fliege.

Mit den letzten Tropfen unterm Arm fuhr ich mit ihr nach unten.

„Schön, wenn man einen Fahrstuhl hat.

Ich habe leider keinen.“

Als wir die lichtdurchflutete Straße betraten, spürte ich einen harten Schlag auf den Hinterkopf und verließ für ein paar Sekunden die Welt.

Mit folgenden deutschen Worten holte mich Jessie wieder zurück: **„FBI, sie sind verhaftet.“**

Scheiße, was ist denn jetzt passiert?

Blaues Licht vermischte sich mit rotem und die Kamera hielt voll drauf.

So hatte ich mir das mit dem Durchziehen nicht vorgestellt.

Hubschrauber in der Luft und Dave hält mir die Autotür auf.

Ficken!

Auf dem Weg zur schwarzen Limo klingelte es erneut an der Wohnungstür.

Ich schreckte hoch, hatte aber noch immer Daves Grinsen im Kopf.

Dieser Penner hatte mich verraten.

Als es erneut klingelte, war ich wieder in Berlin aufm Weg zur Tür.

Schon wieder.
„Ja, wer ist da?"
„Ich bin's, die neue Nachbarin."
Ich riss das Brett auf und sah in erstaunte Augen.
„Sorry, hab ich dich geweckt?"
„Nein, ja, äh, wer bist du?"
„Mein Name ist Jessie."
Da sich mein Traum mit der Realität vermischt hatte, fragte ich wirres Zeug.
„Bist du Polizistin?"
Verdutzt antwortete sie mir:
„Nein, bin weit davon weg, bin ein Gelegenheitsmodel."
„Jetzt leck mich doch am Arsch."
„Wie bitte?"
„Nein, nein, sorry, hab gerade tief geschlafen, bin noch nicht ganz da."
„Geht's dir gut?"
„Ja klar, äh, wie kann ich dir helfen, Jessie?"
„Kannst mir und meinem Bruder beim Tragen der Sachen helfen?"
„Ja klar, bin in fünf Minuten unten."
„Danke."

Da stand ich nun auf der Straße und durfte wieder verkackte Tütchen entgegennehmen.

…

Ich hasse Umzüge!

Mai Tai

Meine Freunde waren früh gegangen und der Alkohol begann zu wirken.

Das Glas war leer, nur noch der Geruch des Piraten liebsten Stoffs lag in der Luft.

Jetzt noch einen **Mai** – mach mich fertig – **Tai.**

Die Bar ist nicht weit entfernt.

Bevor ich loskonnte, musste der gefallene Engel seinen Feind überzeugen.

Die Schultern befreit und mit dem Pokal in seiner roten Hand verließen wir die Wohnung.

Seinen Dreizack stach er mir in die Schläfe, als ich die ungeliebte frische Luft einatmete.

Scheiße, hoffentlich komme ich bald an und die Welt hört auf sich zu drehen.

Einer wird reichen, befahl ich mir und betrat unter Gelächter meiner heißen Schulter das Lokal.

So, schnell ein Rettungsboot finden, auf das ich mich setzten konnte.

Geschafft.

Jetzt bloß nicht über die Reling kotzen und das Sprachzentrum aktivieren.

Das Getränk, in das ich mich nach dem ersten Schluck verliebt hatte, bestellen.

„Mai Tai, bitte."

War ja gar nicht so schwer, nur etwas laut nach dem Gesichtsausdruck meines Dealers.

Irgendwie geht immer, wenn ich was getrunken habe, mein Lautstärkeregler in' Arsch.

Also erst mal Haltung annehmen und nicht aus dem Boot fallen.

Tief durchatmen, Augen öffnen und Nikotin einnehmen.

Fuck, wie viel hab ich denn heute schon wieder geraucht, dachte ich mir beim Schließen der Tabakhölle aus Pappe.

Was macht eigentlich mein flammender Begleiter?

Ich folgte seinem Blick zum wahr gewordenen blonden Traum, umhüllt von wenig Stoff.

Jetzt wird auch noch das Geilheitszentrum aktiviert.

Der Alkohol öffnete den gesellschaftlich errichteten Käfig und lässt das Tier im Menschen raus.

Aber es würde nicht lange allein sein auf der Spielwiese „Leben", denn das blauäugige verführerische Wesen ließ ihr Tier ebenfalls von der Kette.

Das hat hier nichts mit Liebe zu tun.

Die pure Geilheit breitete sich in der Arena aus.

Mal sehen, wer am Ende oben liegen wird.

Aber so weit sind wir noch nicht.

Der Mai Tai zündete in mir den Nachbrenner und das Blut verließ mein Gehirn.

Ist ja auch scheißegal, denn meine Urinstinkte werden das Ding schon schaukeln.

Sie biss sich leicht auf ihre Lippen und musterte mich von unten nach oben.

Um ihr einen besseren Blick zu verschaffen, stand ich auf und lehnte mich an den Tresen.

In der Mitte meines Körpers verweilte sie eine kleine Ewigkeit.

Danach führte sie ihre Reise zu meinen Schultern und endete in meinen Augen.

Ich bin dran.

Sie öffnete leicht ihre Beine, schloss sie wieder und streichelte sich leicht über die Titten.

Mit ihren zarten Fingern strich sie ihr goldenes Haar hinters glitzernde Ohr.

Als sie ihren Nacken freigelegt hatte, musste ich mich wieder ins Rettungsboot setzen, da sich das Blut aus meinen Beinen ebenfalls zum Zentrum meiner Lust auf den Weg gemacht hatte.

Wie haben das nur die Urmenschen früher gemacht?

Wahrscheinlich haben sie sich gleich aufeinander gestürzt, solange sie noch laufen konnten.

Fuck, reiß dich zusammen.

Scheiß visuelles Vorspiel.

Die Geilheit tropft doch schon von der Decke und die Bedienung ist aufm Weg, um einen Wischmopp zu besorgen.

Besorgen!

Es ihr besorgen war das einzige, das ich noch von ihrem hellblauen Teleprompter lesen konnte.

Aber erst mal die Rechnung von uns beiden bezahlen und im Geiste den Boiler im Bad anschmeißen.

Gott sei Dank hab ich heute die Wohnung gemacht.

Nach kurzer Zeit hielt ich sie im Arm und spürte ihre steifen Nippel durch mein T-Shirt.

Der schwankende Weg nach Hause kam mir länger vor als sonst, aber was ist schon Zeit, wenn man besoffen ist.

Nach unserer gemeinsamen Dusche lag sie nackt mit ein paar Limettenblättern bedeckt vor mir und der Teufel streckte seinen roten Schwanz in den Himmel.

Ich roch an ihrem kühlen Körper und schmeckte wieder den süßlichen Rum, als ich sie leckte.

Sie beugte sich zu mir rüber und fragte mich leicht angepisst:

„Scheiße, soll ick dir noch einen machen? Den haste ja schön verschüttet."

Ihr Gesicht wurde bärtiger und ich hob meinen fast wachen Kopf aus dem braunen See.

„Wie viel hatte ich denn schon?"

„Ick glaube zu viel. Solltest besser nach Hause gehen."

Ich wischte mir mit einer Serviette meinen Cocktail aus den müden Augen und bezahlte erneut.

„Er hat es schon wieder gemacht!", sagte ich zu meinem Engel, der sich den Wanderpokal zurückerobert hatte.

Mai – mach mich fertig **– Tai.**

Berlin

Augenblicke

Die natürliche Betäubung setzt ein und mein zerrissener Schädel versinkt im Kopfkissen.

Ihre verweinten Augen wollen nicht verschwinden.

Sie sehen mich immer noch fragend an.

Wie werde ich sie nur los?

Warum wiederholt sich dieser Moment des Unvermeidlichen?

Ich hasse es zu fühlen!

Will keine Trauer in mir!

Ganz ehrlich, ausgewogen ist was anderes.

Mehr Leid und Schmerz als glückliche Augenblicke.

Das kalte Herz kommt einfach nicht zur Ruhe.

Der Körper verarscht mich und lässt mich zur Schachtel greifen, weil es mich beruhigen soll.

Den grauen Nebel vor Augen, greife ich nach ihrem Bild.

Mein mexikanischer Begleiter zwinkert mir aufmunternd zu und lässt sich einschenken.

Einen auf die gemeinsame Zeit.

Einen auf mich Wichser.

Und einen auf die selbst gewählte Einsamkeit.

Ich bin Richter, Angeklagter, Verteidiger, Jury und Wärter meines Gefängnisses.

Nur das Opfer, das ist sie.

Ich habe versagt, war geblendet von meinem Schauspiel.

Ich hätte einen Scheißoscar verdient.

Die Wette hab ich gewonnen, nur ein Stück meiner Seele habe ich verloren.

Sie war auf Wolke sieben.

Aber mein Ego hatte sie schon längst überholt und kratzte an den Sternen.

Was für ein berauschendes Gefühl.

Das war was Neues.

Unbeschreibliche Macht.

Supermann war ein Scheiß gegen mich.

Doch dass sie im Nachhinein mein Kryptonit sein würde, war mir da noch nicht bewusst.

So flog ich über ihr und spielte mit ihrer Liebe.

Doch wie nach jedem geilen Essen kommt irgendwann der Kellner und vermasselt es mit der Rechnung.

Sie war extrem hoch und ich zahle immer noch die Raten.

Als ich sie nach langer Zeit durch einen unangenehmen Zufall traf, lächelte sie mich freundlich an und umarmte mich zur Begrüßung.

Nachdem sie die Trauer in meinen verweinten Augen sah, erließ sie mir die Restschuld und verschwand mit ihrem Verlobten zu den Sternen.

Und ich? Ich ließ mich wieder einschließen und warte auf meine Bewährung.

Augenblicke

Sklave

Die Natur hatte gestört und mich zurück in die ungeliebte Realität geholt.

Als ich angespannt auf dem Porzellan saß, ging ich noch mal die letzten Klicks durch.

Doch bevor ich meine Analyse beenden konnte, rief die elektronische Welt nach mir.

Fuck, jetzt aber los.

Spülen nicht vergessen und Händewaschen.

Waschen?

Nach zwei Tagen sollte ich mal wieder meine verwaiste Dusche aufsuchen.

Egal, ich konnte meine virtuellen Freunde nicht alleine lassen.

Sie waren ja auch immer für mich da.

Endlich unwahre Freunde.

Angekommen in meiner Kommandozentrale, suchte ich die Quelle, die es zu befriedigen galt.

Handy? Nein. Smartphone? Nein. Tablet-PC? Nein. Laptop? Ja.

Erleichtert stolperte ich über leere Nudelboxen und Raviolidosen.

Kalt schmecken sie doch immer noch am besten.

Aufgeregt öffnete ich die E-Mail.

Sie ist wieder zurück vom Einkaufen und kann uns wieder antworten.

Denn sie hatte ihr Handy nicht dabei und war 30 Minuten unwissend.

Eine Ewigkeit in dieser schnelllebigen Welt.

Aber ihre neuen Bilder, die gerade hochgeladen wurden, entschuldigten ihren Fehler.

Wahnsinn, wie das Mädel posen kann.

Dieses unehrliche Lächeln ist schon der Hammer.

Immer im Trend geschminkt und die Kleidung perfekt zurechtgerückt.

Ist harte Arbeit, sich in dieser Lüge zu beweisen, denn die Konkurrenz schläft ja schließlich auch nicht.

Das Leben ist stressiger geworden, immer erreichbar sein, die gläserne Hülle putzen, damit alle durch die Scheibe sehen können.

Das Profil auf den neusten Stand zu bringen, ist zur Hauptbeschäftigung geworden.

Die Menschen wollen halt über einen informiert werden.

Man hat kaum noch Zeit für das wahre Leben hinter dem Mikrochip.

Diese Nackenschmerzen vom Hinuntersehen aufs zerbrechliche Glas.

Aber meine Fingermuskulatur ist Wahnsinn, der Muskelkater auch.

Manchmal wünsche ich mir die alte Zeit zurück.

Wenn man damals unterwegs telefonieren wollte, betrat man eine Telefonzelle.

Man war freier und musste sich nicht rechtfertigen, wenn man einen Tag offline war.

Einfach die Ketten sprengen und das Profil löschen.

Warum eigentlich nicht?

Mein verstaubtes Adressbuch rauskramen, um wahre Freunde in echt zu treffen.

Wenn sie es noch wollen.

Der aufrechte Gang zur Dusche fiel mir anfangs noch schwer, aber wer frei sein will, muss leiden.

Den kalten Entzug wagen und anfangen, am echten Leben teilzunehmen.

Nachdem ich losgelöst auf der leeren Straße schwebte, dachte ich an all die zurückgelassenen Sklaven, deren Namen so langsam mein Gedächtnis verließen.

Ich blätterte im Adressbuch, lächelte, schaltete das Handy aus und betrat die Telefonzelle.

Engelsgnade

Als die Tür hinter mir ins Schloss fiel, begannen die Tränen an meiner zitternden Haut hinunterzulaufen.

Ich wurde auserwählt, der Pate des kleinen Engels zu werden.

Es war verdammt lange her, dass ich vor Freude weinen durfte.

Ihre Gnade erfüllte meinen harten Kern mit Leben und Glück.

Mein Blick durchbrach die Wolken und ich versprach, ihr die Liebe zu geben, die sie brauchte.

Ich war zwar von fremdem Blut, würde aber immer darauf achten, dass sie Teil meiner Familie sei.

Sie lächelte mich an und kuschelte sich geborgen an mich.

Ein kleiner Engel, dessen Flügel nach mir griffen.

Die Welt hörte auf sich zu drehen und sie schlief in meinen Armen ein.

Meine Augen wurden glasig und ihr Leuchten blendete mich angenehm.

Werde ich es schaffen?

Werde ich ein guter Pate sein?

Werde ich die Kraft haben, wenn es darauf ankommt?

Wird sie mir vertrauen?

Wird sie mich vergessen?

Wird sie mich an ihrem Leben teilhaben lassen?

Ich weiß es nicht, aber was ich weiß ist, dass ich mein Versprechen vor Gott nicht brechen und für sie da sein werde, wo auch immer ihr Flug hingeht.

Liebes Patenkind,

ich danke dir für dein unbezahlbares Lächeln, für deine Umarmungen, die mich wärmen, für den ehrlichen Glanz in deinen Augen, wenn ich dich besuche, und dein Leuchten, das mir den Weg aus meiner schwarzen Welt zeigt.

Die Kraft, die du mir gibst, stärkt mich und erweicht meinen Kern.
Bei dir kann ich mich fallen lassen und meine Rüstung ablegen.
Leider sehen wir uns zu selten, um mehr voneinander zu lernen.

Aber sei dir gewiss, in Gedanken bin ich bei dir, und wenn du die Augen schließt, siehst du mein Lächeln und kannst mit deinen Flügeln nach mir greifen.

Zwei Geschlechter, ein Planet

Das ist also dein letzter Wunsch?
Ich soll dir einen Witz erzählen?
Gut, das hatte ich noch nie, mal sehen, ob er dir gefällt.
Er ist aber verdammt kurz.
Nur ein Satz.“
Ich musste schmunzeln.
„Also, bist du bereit?“

Ihm lief der Schweiß die zitternde Stirn hinunter.
Da es wohl das Letzte sein würde, was er hörte, hoffte er auf eine gute Pointe.
Er nickte und schloss seine Augen.

„Treffen sich ein Frauenversteher und eine Männerversteherin!“
Schuss!
Das Projektil verließ die Kammer und die .44 Magnum spielte ihre todbringende Melodie.

„Scheiße, Lea, das war's?“
„Ja, ich find den gut.
Denk mal drüber nach.“

Sie steckte ihre glänzende Waffe ein und drehte ihrem Opfer die kalte Schulter zu.
Fingernägelkauend ging sie zum Ausgang.
Ihr Begleiter öffnete die hintere Tür der Limousine.
Beim Verlassen des Fabrikgeländes fragte er seine Chefin erneut:

„Ich verstehe es nicht."

„Verstehst du die Frauen?"

„Noch weniger als deinen Witz."

„Wir kommen der Sache schon näher, mein Hübscher.
Kennst du eine Frau, die die Männer versteht?"

„Nein."

„Brauchst du einen Scheißtaschenrechner, um eins und eins zusammenzurechnen?"

„Ich verstehe nur Bahnhof."

„Warst noch nie die hellste Kerze auf der Torte!
Weißt du eigentlich, dass es mehr Frauen auf der Erde gibt als Männer?"

„Bestimmt wegen dir."

Die abendliche Fahrt durch Charlottenburg endete vor ihrer Altbauwohnung.

Als der nachdenkliche Fahrer ihr nach dem Aussteigen den Aktenkoffer überreichte, fasste ihm seine Chefin mit folgenden Worten an die breite Schulter:

„Mach dir keine Gedanken, uns Frauen werdet ihr nie verstehen."

Ihr langer grauer Mantel wehte leicht beim Betreten der normalen Welt.

Ein kurzer Blick in den Flurspiegel verriet ihr, dass sie noch nicht genug lächelte.

Sie schüttelte ihr langes blondes Haar zurecht und legte frische Farbe auf ihre Lippen.

Als sie die Tür hinter sich ins Schloss fallen ließ, bemerkte sie klappernde Geräusche aus der Küche.

Wenig später stand ihr treuer Gefährte im Flur.

In den Händen hielt er einen frisch abgewaschenen Teller.

Um seine Schulter hing das feuchte Geschirrtuch.

Er ging auf seine Auserwählte zu, die sich gerade von ihren Hochhackigen befreite.

„Na, Schatz, warst heute aber lange in der Firma."

Sie hing ihren Mantel auf, stellte den Koffer neben die Kommode und gab ihm einen zärtlichen Kuss zur Begrüßung.

„Ja, war mal wieder die Hölle auf Erden.

Ich musste noch einen Kunden davon überzeugen, dass es besser sei, sich voneinander zu trennen."

„Hat er es eingesehen"?

„Kennst mich ja, wenn ich hart in eine Verhandlung reingehe."

„Keine Gnade, ich weiß."

„Was hast du uns den Leckeres gekocht?"

„Rinderrouladen mit Rotkohl und Klößen."

„Sehr gut, mein Schatz."

„Außerdem hab ich uns noch eine Flasche Champagner besorgt."

„Gibt's was zu feiern?"

„Setz dich erst mal."

Die goldenen Perlen vermischten sich mit edlem Kristall und ihre männliche Wahl setzte sich freudestrahlend ihr gegenüber hin.

„Du weißt ja, dass ich an diesem Fall schon eine ganze Weile sitze."

„Der Fall, na ja, drei Jahre müssten es schon sein, oder?"

„Dieser Serienkiller, der Berlin in seiner Gewalt hat."

„Genau, der schon 20 Männer umgebracht hat."

„Jaja, also der Serienkiller ist eine Frau."

Lea verschluckte sich leicht, konnte es aber vor ihm verbergen.

„Woher weißt du das so genau?"

„Eigentlich darf ich über meine Ermittlungen gar nicht mit dir sprechen. Egal, wir haben an verschiedenen Tatorten Patronenhülsen gefunden. Sie haben verschiedene Gravuren.

Katharina die Große, Kleopatra und Athene, das ist die griechische Göttin der Weisheit, des Kampfes und der Strategie.
Nur leider war es nicht gerade sehr weise, die Hülsen zurückzulassen.

An einer Hülse fanden wir noch Reste von abgekauten Fingernägeln.
Die Analyse ergab, dass es sich um eine Frau handeln muss.
Schatz, so nah dran wie jetzt war ich noch nie."
„Vielleicht will sie euch mit den Hülsen eine Nachricht hinterlassen?"

Er antwortete ihr mit fast vollem Mund:

„Ja, dass sie eine männerhassende Verrückte ist."
„Wann meinst du, dass du sie erwischen wirst?"
„Ich habe einen neuen Spitzel."
Er arbeitet für ein Fahrunternehmen."
Denn treffe ich morgen Früh."
„Interessant, dann trinken wir jetzt mal auf deinen Erfolg."
„Bald habe ich die Schlampe und dann wird richtig gefeiert!"

Nach dem Essen begab sich Lea in ihr Arbeitszimmer.
Sie stützte sich auf ihrem Schreibtisch ab und eine Träne fiel auf ihren Verlobungsring.
Es würde ihre letzte gemeinsame Nacht werden, ab dem morgigen Tag würde sie verschwunden sein.
Ausgerechnet morgen, wo sie doch eine Anprobe für ihr Hochzeitskleid hatte.
Sie war kurz davor, ein normales Leben zu führen.
Es lief so lange gut.
Die Königin würde ihr die Freiheit schenken.
Genug Geld hatte sie in den letzten Jahren zur Seite geschafft.
Ihr verzweifelter Blick traf die Oberfläche des Mondes.
Sie atmete tief durch und bereitete sich auf das letzte Mal Sex mit ihm vor.

Die schlaflose Nacht ging viel zu schnell rum.
Zur Verabschiedung nahm sie ihren Ex fest in die Arme.

„Schatz, ich muss los, mein Informant wartet.
Wir sehen uns heute Abend, dann feiern wir.
Ich liebe dich."

Sein Duft war noch nicht ganz verschwunden, als ihr Handy klingelte.
Es war die Königin.

„Scheiße, Lea, du bist aufgeflogen."

Lea gestand unter Tränen:

„Ich weiß."
„Tut mir leid, Kleine, aber ich muss mich von dir trennen."
„Ich weiß."
„Keine Sorge, du wirst nichts spüren.
Ich schicke dich friedlich in den Himmel.
Ob du reindarfst, wird man sehen.
Warst meine Beste."

Aufgelegt!
Da ihre Kollegen sich wohl schon auf den Weg gemacht hatten, blieb ihr nicht mehr viel Zeit für die Anprobe.

Angekommen am Brautmodengeschäft versuchte sie ihr Verlobter zu erreichen.
Doch Lea ging nicht ran, denn er würde schon bald hier sein und sie wollte hübsch für ihn aussehen.
Das gelieferte Stück saß wie angegossen.

„Wie möchten Sie bezahlen?"

„Hiermit."

Sie zückte ihren Revolver und hielt ihn der Verkäuferin an den Schädel.

„Ich würde Ihnen raten, jetzt mit den anderen das Geschäft zu verlassen.
Denn mein Verlobter wird gleich da sein und es soll unser Moment werden."

Sie sah sich weinend im Spiegel an.
Die Sirenen verstummten, nur noch das blaue Licht war zu spüren.
Ihre große Liebe betrat, geschützt von seinen Untergebenen, den weißen Ort.
Seine Waffe zielte auf ihren Schleier.

„Lea, wie konntest du nur?"

Sie drehte sich mit gesenkter Waffe zu ihm.

„Es tut mir schrecklich leid.
Ich wollte dich nicht verlieren!"
„Warum hast du all diese Männer umgebracht?"
„Das war Teil meiner Arbeit.
Ich bin keine irre Serienkillerin."
„Leg deine Waffe hin."
„Das kann ich nicht."
„Bitte, Schatz, leg sie hin.
Ich will nicht, dass dir was passiert."
„Ich bin sowieso schon tot."
„Nein, bitte, ich liebe dich doch."
„Ich liebe dich auch."

Sie hob ihren Revolver und es dauerte nur einen Bruchteil von Sekunden, bis die Geschosse ihr Traumkleid rot färbten.

Mit Tränen in den Augen hielt er seine Angebetete in den Armen und lauschte ihren letzten Worten.

„Treffen sich ein Frauenversteher und eine Männerversteherin."

MY
GAME

Eiszeit-Comeback

Die Sirenen sind verstummt.

Keine Hubschrauber mehr am Himmel.

Nur noch vereinzelte Gewehrsalven sowie Pistolenkugeln peitschen durch die kalte Luft.

Im Laufe der Zeit ist es sehr kalt geworden.

Scheiße, was genau passiert ist, kann keiner sagen.

Die Welt hat sich verändert.

Das Leben ist noch gefährlicher geworden.

Kann mich kaum noch an die letzten Nachrichten erinnern.

Sie sprachen vom höllenroten Himmel.

Vom Tag der herabfallenden Engel.

Es war kein Krieg, der uns zurückwarf.

Manche sprachen von der Abrechnung der Natur.

Andere vom Angriff aus dem All.

Sie sahen mehrere Asteroiden abstürzen.

Das würde das Feuer am Himmel erklären.

Die Sonne war lange nicht zu sehen.

Ich musste mal wieder mit einer neuen Lebenssituation klarkommen.

Unsere Regierung hat uns verlassen, so wie viele andere Menschen auch.

Durch Tod oder Flucht.

Die globale Erwärmung ist heute kein Thema mehr.

Nach letzten Berichten von der Straße ist wohl der ganze nördliche Planet erfroren.

Die Massen sind nach Afrika und Südamerika ausgewandert.

Doch diesem Krieg werde ich mich nicht stellen.

Berlin war immer und wird immer meine Heimat sein!

Außerdem geht es mir doch gut hier.

Bin jetzt ein wohlhabender Mann.

Ich konnte meine Wohnung behalten und zwar mietfrei.
Der Fürst von Reinickendorf ist ein Freund von mir.
Als die Plünderungen einsetzten, war ich einer der Ersten an den Regalen.
Tja, wenn die Welt untergeht, muss man halt auf Zack sein.
Wir waren zu dritt.
Ich, der Doktor und ein Bankdirektor, der spätere Fürst.
Es war eine herzlose Zeit, die ich teilweise auch bereue.

Berlin ist in Fürstentümer aufgeteilt worden.
In jedem Bezirk herrschen andere Gesetze.
Fakt ist, man muss überlegen, wem oder wie stark man einem ans Bein pisst.
Ein Gesetz gilt überall.
Das Gesetz des Dschungels.
Der Stärkere gewinnt immer.
Die menschliche Natur hat streckenweise über das Gewissen gesiegt.
Es gibt zwar noch soziale Netzwerke, aber nicht wie im toten Internet.

Wo ich gerade ans Netzwerk denke:
Ich habe gleich ein Treffen mit dem Doktor.
Wir Händler müssen zusammenhalten, um zu überleben.
Bin zwar nicht so groß im Geschäft wie er, aber einiges kann ich auch besorgen.
Tauschgeschäfte sowie das älteste Gewerbe der Welt funktionieren am besten.
Geld hat keine Bedeutung mehr.
Nur noch Gegenstände, Schmuck, Informationen und Schnaps.

Heute soll ich meinen neuen Generator bekommen.
Strom ist Gold wert.
Nein, nicht um fernzusehen.
Das Fenster zur Welt ist schon seit Jahren geschlossen.

Ich will mir ein paar CDs aus der guten alten normalen Zeit anhören.
Tja, früher war alles besser.
Nur diesmal passt der Satz!

Ich lade meine Gaswaffe mit neuen Patronen.
Die Splitterschutzweste eines einheimischen Soldaten passt wie angegossen.
Den Blutfleck konnte ich entfernen.
Jetzt keinen Gedanken an die letzten Stunden der Bundesrepublik.
Einmal den Kopf geschüttelt und die Stiefel fest zugeschnürt.
Feuerholz nachlegen und los.

Mit der Information für den Doktor verlasse ich die Barrikaden zum eisigen Boden der Straße.
Auf meinem kurzen Marsch zur einzigen funktionierenden Bar des Viertels bemerke ich ein junges Mädchen mit zwei Kinderwagen.
Sie steht zitternd in alte Decken gehüllt am Straßenrand.
In ihren Wagen hat sie Trödel zum Tauschen.
Als ich näherkomme, höre ich ihren Magen knurren.
Sie scheint verlassen worden zu sein.
Höchstens zwölf Jahre alt.
Ihr zerzaustes erfrorenes Haar schaut aus der Kapuze hervor.
Mit zitternder Stimme fragt sie mich höflich:

„Mein Herr, hätten Sie vielleicht Essen zum Tauschen?“
„Ich will nichts von dir.
Aber Essen habe ich für dich.“

Ich reiche ihr zwei Schokoriegel.
Ihre Augen strahlen und ihre verdreckte kleine Hand nimmt zögerlich meine Gabe.

„Pass auf dich auf und verschwinde, wenn die Sonne untergeht.“

Ich wische eine Träne mit meinem Zeigefinger von ihrer Wange.

Mit einem Kloß im Hals atme ich tief durch und verberge vor ihr meine Trauer.

Nachdem ich mich umgedreht habe, höre ich das hektische Aufreißen der Verpackung.

Auf meinen letzten Metern zum Doktor verlässt mich ihr Gesicht vor den Augen nicht, sodass wir beide die sanierte Eckkneipe betreten.

Der Laden ist noch nicht überfüllt.

Nur ein paar arme Seelen, die mir freundlich zunicken.

Die Luft riecht nach Selbstgebrautem und frischem Schwarzpulver.

Nach ein paar Schritten sehe ich auch den Grund für das verwendete Pulver tot vor mir liegen.

Fuck, der Doktor hat ihm mit der Doppelläufigen ohne Narkose den Kopf abgeschraubt.

Angestellte ziehen den kopflosen Körper nach einer gründlichen Leibesvisitation aus meinem Blickfeld.

Hinterm Tresen reinigt der Titelträger seine Liebe aus Stahl und begrüßt mich herzlich:

„Alter, da biste ja endlich. Schön dich zu sehen."

Nach einer festen Umarmung setze ich mich an meinen Stammplatz.

„Machste mir ein schönes Herrengedeck, bitte?"

Als meine Getränke, bestehend aus einem kühlen Blonden und Korn, vor mir stehen, kann unsere Unterhaltung beginnen.

„Wieso die Schweinerei?"

„Alter, der Wichser wollte meiner Frau an die Wäsche."

„Scheiße, das ist doch kein Grund."

„Einer von vielen."

„Bis du deinen Laden einsaust, braucht es echt einiges."

„Der wollte nich bezahlen, aber der Tropfen fürs Fass war, halt dich fest, der wollte mich abknallen.

Da konnte ich einfach nicht mehr an mich halten und ließ seinen eisernen Henker doppelt sprechen."

„So ein Bastard!"

„Alter, ich sag dir, is hier oft wie Chicago."

„Aber du bist ja auch wie Capone."

„Ja, aber es gibt immer wieder welche, die das überprüfen müssen."

„Lass uns zum Geschäft kommen."

„Ich hab dir einen Top-Generator besorgt.

Ein japanischer und weil du es bist, noch zehn Liter Sprit umsonst."

„Sehr geil.

Dafür habe ich auch eine Information für dich, die dich sehr glücklich machen wird."

„Na, dann lass mal hören."

„Kannst du dich noch an die Hilfsflüge der Italiener erinnern?"

„Ja, is aber schon verdammt lang her."

„Eigentlich müsstest du mir noch weitere zehn Liter geben."

„Scheiße Alter, sag schon."

„Eine Ladung wurde über dem See abgeworfen und ich weiß, wo sie liegt."

„Das ist schon Jahre her. Meinste, die liegt noch unterm Eis?"

„Gestern war sie noch da."

„Weiß der Fürst davon?"

„Hat der Fürst einen Generator für mich?"

„Wo im See?"

„Ich hab's dir auf der Karte markiert."

„Alter, ne ganze Hilfslieferung nur für mich?

Scheiße, is dit geil!"

„Kannst du mir meine Sachen liefern?"

„Frei Haus, mein Alter, und 20 Liter Sprit kriegst du auch."

Ich reiche ihm die Karte und lasse den Korn meine Kehle hinunterfließen.

Bei unserer Verabschiedung bedankt sich der Doktor gut gelaunt wie schon lange nicht mehr.

Mein Tagewerk ist erledigt.

Jetzt noch den Damen am Bordstein höflich abdanken.

Dann nach Haus, wo eine Dose Ravioli auf mich wartet.

Auf meinem eisigen Heimweg komme ich an der Stelle des einsamen Mädchens vorbei.

Ihre Kinderwagen sind umgestürzt und ihre Decke, zum Schutz vor der Kälte, liegt auf der Straße.

Als ich mich nach ihr bücke, höre ich ihre Schreie aus der Ruine gegenüber.

Fuck, jetzt aber los.

Ich ziehe den Schlitten meiner Waffe nach hinten und lasse ihn krachend zurückschnellen.

Beim Betreten des Hausflures nehme ich zwei männliche Stimmen wahr.

Doch die Schreie der Kleinen übertönen sie, sodass ich nichts verstehen kann.

Das ist aber auch gut für mich, so hören die Wichser mich auch nicht.

Mit rasendem Herz betrete ich vorsichtig den Hof.

Der eine hält die Kleine fest.

Der andere steht mit dem Rücken zu mir beim Öffnen seiner Hose.

Das Pfeffer verlässt meinen Lauf und trifft überraschend die Schweine.

Bewusst halte ich den Sicherheitsabstand nicht ein beim ersten von fünf weiteren Schüssen.

Wenn sie Glück haben, werden sie's überleben.

Aber in der heutigen Zeit ohne Krankenkasse eher nicht.

Ich trage das zitternde Mädchen eingehüllt unter dem Geschrei der Verurteilten sicher auf die Straße, wo ich ihr die Augen mit Wasser auswasche.

„Brauchst keine Angst mehr haben, die werden dir nichts mehr tun!

Bist du verletzt?"
Unter Tränen und mit zitternder Stimme beruhigt sie mich:
„Ich bin nicht verletzt.
Vielen Dank."
„Kleine, geht's dir wirklich gut?"
Sie umarmt mich und flüstert mir ins Ohr:
„Wann bist du wieder aufgestanden?"
Ich schaue sie erstaunt an.
„Was meinst du damit?"

„Wann du aufgestanden bist, als du aus dem roten Himmel gefallen bist."

2013

Outro

Ich hoffe sehr, dass Dir meine Geschichten gefallen haben sowie dass meine Kunst Dich berührt hat.

Dass Du Deine Realität verlassen und Dich in den Erzählungen wiederfinden konntest.

Vielleicht habe ich auch für Gesprächsstoff gesorgt.

Es ist jetzt mitten in der Nacht und der Regen peitscht mir gegen die Scheibe.

Noch einmal die Sucht einatmen, das Glas leeren und auf das Feld „Herunterfahren" klicken.

Bleibt mir nur noch eins zu schreiben:

Danke für Deine Zeit!